やりきれるから自信がつく！

＞ 1日1枚の勉強で、学習習慣が定着！

◎目標時間に合わせ、無理のない量の問題数で構成されているので、「1日1枚」やりきることができます。

◎解説が丁寧なので、まだ学校で習っていない内容でも勉強を進めることができます。

＞ すべての学習の土台となる「基礎力」が身につく！

◎スモールステップで構成され、1冊の中でも繰り返し練習していくので、確実に「基礎力」を身につけることができます。「基礎」が身につくと、発展的な内容に進むことができるのです。

◎教科書の学習ポイントをおさえられ、言葉の力や表現力も身につけられます。

＞ 勉強管理アプリの活用で、楽しく勉強できる！

◎設定した勉強時間にアラームが鳴るので、学習習慣がしっかりと身につきます。

◎時間や点数などを登録していくと、成績がグラフ化されたり、賞状をもらえたりするので、達成感を得られます。

◎勉強をがんばると、キャラクターとコミュニケーションを取ることができるので、日々のモチベーションが上がります。

使い方

学研 毎日のドリルの

---

① 1日1枚、集中して解きましょう。

目標時間

◎ 1日分は、1枚（表と裏）です。

◎ 1回分は、表と裏で1枚です。

- アプリのストップウォッチなどで、かかった時間をはかりましょう。
- 目標時間を意識して解きましょう。

- 「かくにんテスト」には、1〜3回分の内容を身につけられたかを確認しましょう。
- 「まとめテスト」には、1〜4回分の内容を確認する、総復習ができます。

書く力

文章で答える問題など、表現する力をつけることができます。考える力やくみ取る力に役立つ問題です。

---

② おうちの方に、答え合わせをしてもらいましょう。

- 答え合わせをして、点数をつけましょう。
- 本の最後に、「答えとアドバイス」があります。

---

③ アプリに得点を登録しましょう。

- アプリに得点を登録すると、キャラクターが育ちます。
- 勉強した得点を登録すると、成績がグラフ化されます。

解けなかった問題を、もう一度やってみよう。

...

毎日のドリル ♪

勉強管理アプリ

「毎日のドリル」シリーズ専用、スマートフォン・タブレットで使える無料アプリです。1つのアプリでシリーズすべてを管理でき、学習習慣が楽しく身につきます。

1 「毎日のドリル」の学習を徹底サポート！

- 毎日の勉強タイムをお知らせする [タイマー]
- かかった時間を計る [ストップウォッチ]
- 勉強した日を記録する [カレンダー]
- 入力した得点を [グラフ化]

日本標準時間を意識しよう！

これは やる気が でるっさ！

2 キャラクターと楽しく学べる！

好きなキャラクターを選ぶことができます。勉強をがんばるとキャラクターが育ち、「ひみつ」や「クイズ」が増えます。

3 1冊終わると、ごほうびがもらえる！

ドリルが1冊終わるごとに、賞状やメダル、称号がもらえます。

4 漢字と英単語のゲームにチャレンジ！

ゲームで、どこでも手軽に、楽しく勉強できる。漢字は学年別、英単語はレベル別に構成されており、ドリルで勉強した内容の確認にもなります。

自己ベスト更新を目指そう！

漢字のよみがなを当てよう

英単語のいみを当てよう

アプリの無料ダウンロードはこちらから！

https://gakken-ep.jp/extra/maidori/

【推奨環境】
- 各種Android端末：対応OS Android6.0以上
- 各種iOS（iPadOS）端末：対応OS iOS10以上

※対応OSであっても、Intel CPU（x86 Atom）搭載の端末については、各ストアでご確認ください。
※対応OSや対応機種については、各ストアでご確認ください。
※対応OSやお使いの端末によりアプリをご利用できない場合、当社は責任を負いかねます。ご理解、ご了承いただけますよう、お願いいたします。

また、事前の予告なく、サービスの提供を中止する場合があります。ご理解、ご了承いただけますよう、お願いいたします。

場面の様子を読み取ろう①

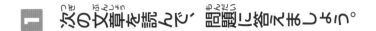

1 次の文章を読んで、問題に答えましょう。

【20点】

　ゆうせいの妹のももが、たん生日をむかえた朝のことです。プレゼントを開けたももは、

「わあ、新しいゲームだ。」

と言って、よろこんで走り回っていました。

◎ よろこんで走り回っていたのは、だれですか。

（　　　　　　　　）

まず、「だれが、どうしたか」をつかもう。

2 次の文章を読んで、問題に答えましょう。

一つ10点【30点】

　今日は、つりに行く日です。ゆうせいは、お父さんといっしょに海へ出かけました。海は、波がなく、おだやかでした。夕方までつりをしました。ゆうせいは魚を四ひき、お父さんは五ひきつりました。

① ゆうせいは、だれとつりに行きましたか。

（　　　　　　　　）

② この日の海は、どんな様子でしたか。

・（　　　　　　　　）がなく、

（　　　　　　　　）な様子だった。

クイズ

4 て、はやとは金魚を何びき取った？
(1) 一ぴき　② 二ひき　③ 三びき

---

4 次の文章を読んで、問題に答えましょう。

きのう、はやとは、夕方になってから、お祭りに家族み
んなで行きました。そして、お祭りで金魚を二ひき、紙
がすぐにやぶれてしまいましたが、すくいました。
はやとは、「あと一回だけ」とへしゃべりましたが、おかあ
さんは「だめよ。」と言ったので、はやとはざんねんそう
にしていました。
れやといいました。取

(1) お祭りに行ったのは、いつですか。
（　　　　　　　　）

② はやとは、お祭りで何を
しましたか。
（　　　　　　　　）

③ 「あと一回だけ」と言ったから、はやとは、どう感じたとわかりますか。
（　　　　　　　　）

〔30点〕二〇点

---

3 次の文章を読んで、問題に答えましょう。

駅で、はやとは、おかあさんのおばさんを待っていまし
た。そこへ、しらないおばさんがやってきて、病院
のすする場所を、おかあさんは教えてあげました。
おばさんは、おれいを言って、行ってしまいました。
聞かれたのは、病院のばしょにある、お店だったね。

(1) はやとは、えきで、だれを待っていましたか。
（　　おかあさ
ん　　）

② おばさんに、何を聞かれましたか。
（　　　　　　　　）

〔20点〕二〇点

1 次の文章を読んで、問題に答えましょう。【20点】

　ある寒い朝のことです。

　体中をぶあついオーバーとえりまきでつつんだ、どことなく気味の悪い男が、旅館にやってきました。

◎　この場面のきせつは、いつですか。漢字一字で答えましょう。

□

男の人の服そうに注目して。

2 次の文章を読んで、問題に答えましょう。　一つ10点【30点】

　「休ませてくれ。」

　男は、そう言って部屋に入りこみました。男がひとりかみのさったかたはわたしのので、旅館のおかみはありったけのごちそう＊おかみ…旅館などの女主人。食事を作って持っていきました。

　すると、男は、

　「食事はいらん。

　よぶまで来るな。」

　と、大きな声でえらそうにどなりました。

① 登場人物は、何人ですか。

（　　　　　　　　）

② 男がわたしたお金は少しでしたが、たくさんでしたか。

（　　　　　　　　）

③ 男はどのような人ですか。記号を○でかこみましょう。

ア　こわそうな人。

イ　やさしそうな人。

ウ　楽しそうな人。

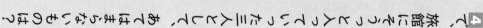

答え ● 87ページ

クイズ

4 ア　旅館にいるかと思って、人ってしまったのは、ねずみでしたか？

① けいかんに入る　② おかみ　③ ねずみ

旅館にはいなかったのですね。

---

4 次の文章を読んで、問題に答えましょう。

　けいかんは、だいじなよ
うじができて、そのことでよび出さ
れていました。それでも、旅館には
入っていません。旅館に入ったのは
ねずみです。
　「おかみにいたどろぼうは、<u>銀行</u>へ
向（む）かっていったから、旅館の門（もん）から
市場（いちば）へ行ったとしてもおかみが
入ってこなかったとしてもおかみです。」

① 「<u>銀行</u>にいた」と言っ
たのは、だれですか。
（　　　　　　　　　　）

② <u>銀行</u>にいたけいかんを、
たずねたことをつかまえた
のは、だれですか。
（　　　　　　　　　　）

【1つ15点/30点】

---

3 次の文章を読んで、問題に答えましょう。

　粉雪（こなゆき）＊――ピューピューと強い風がふき
ます。おかみは、いちばに買い物を
しに、人々がうちの道はものを出
していました。そのおかげで、
旅館のおかみさんが
いました。

＊粉雪…粉のようにこまかい雪

◎ おかみがこのばめんで、
いる場所（ばしょ）はどこですか。記号（きごう）を○でかこ
みましょう。

ア　市場（いちば）のまん中。
イ　町のみちまん中。
ウ　旅館の中。

おかみは、どこに行ったのかな。

【20点】

1 次の文章を読んで、問題に答えましょう。

【50点】

ある日、国語の時間ちゅう、「スポンというおいのよい音がした」と思うと、

「あいだ。いたいわ。」

ひろ子がくびをおさえました。

黒ばんに字を書いていた洋子先生がふりむきました。先生はゆかの上から、うすみどりのスギのみをひろい上げました。

「まあ。だれなの。もうして。時間ちゅうにスギでっぽうをうったのは。」

＊スギでっぽう…すぎのみをつかった「竹でっぽう」。

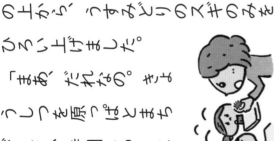

⑨みんな、しんとなりました。

「スギでっぽうをもってきた人は、みんな、つくえの上にだしなさい。だめよ。先生の目は、エックスせんなんだから。」

＊エックス線…何でも見通せることを表した言い方。

（古田足日「モグラ原っぱのなかまたち」
〈あかね書房〉より）

① 「⑦スポンというおいのよい音」は、何の音でしたか。

【10点】

・（　　　　　　　　）を

　　　うった音。

② 「①あいだ。いたいわ。」と言ったのは、だれですか。

【10点】

（　　　　　　　　）

③ ──⑨で、みんながしんとなったのは、なぜですか。記号を○でかこみましょう。

【10点】

ア　ひろ子がさけんだから。

イ　先生が注意したから。

ウ　国語の勉強が始まったから。

④ スギでっぽうの「たま」になっていたのは、何でしたか。

【20点】

（　　　　　　　　）

クイズ

②
ア、
わらっている様子を表す言葉は？
① ニコニコ
② ニッコリ
③ ニヤニヤ

2 次の文章を読んで、もんだいに答えましょう。

一〇三【50点】

先生は、すると、とりどりの色のスギの上に、白いリボンのかかっている箱の中で、先生は箱を見ました。そのスギの箱をあけました。その箱のふたをあけてみると、その中に、

「おや、いったいなんでしょう。」
と、先生は書いてあり、石川よしおくんの箱の上にのっていました。ほうの箱が先生のいすの上にのっていました。

あるとき、一〇〇こうして、ある日、洋子先生の上に、白いリボンのかかった先生のいすの上に、このつくえの上に、こうのっていました。

① 先生の上に、何がのっていましたか。
（　　　　　　　　）

② ㋐「リボン」は、どんなリボンですか。
（　　　　　　　　）

③ スギの箱の中から、他にどういうものを出しましたか。
（　　　　　　　　）

④ ――㋑は、先生はどんな気持ちでしたか。記号を○でかこみましょう。
ア ひとりで、うれしい。
イ とてもかなしい。
ウ おどろいたようす。

（　　　）

物語「ひょうじゅん」

4

場面の様子を
読み取ろう④

10分

目標

月 日 日

とく点

点

1 次の文章を読んで、問題に答えましょう。 【50点】

　ひろ子と、おゆきと、なおゆきと、あきらとが、先生のほうに走っていき、スポン・スポンとスギでぽうをうちました。

「まけないわよ。」

　先生もうちかえしました。

「がんばれえ。先生。」

「しっかりい。なおゆきくん。」

　森のはしに集まった けんぶつの子どもたちがさけびました。

　なおゆきたちはにげだしました。

　先生はけんぶつの子どもたちにむかって とくいそうにいいました。

「どう。⑦わたしのほうがうまいでしょう。」

　先生は、なおゆきたちをおっかけました。その足がかれ草をふみぬいて、④スポッと地めんの中におちました。

「わっ、やられた。おとしあな。」

（古田足日「もぐら原っぱのなかまたち」
（あかね書房）より）

① ⑦「わたしのほうがうまいでしょう。」と先生が言ったのは、なぜですか。（15点）

● なおゆきたちが

（　　　　　　　　　）から。

② ④「スポッと地めんの中におちました」とありますが、先生はどこにおちたのですか。（15点）

（　　　　　　　　　）

③ この文章は、どのような場面ですか。（一つ10点20点）

● 子どもたち（　　　）人
と先生が、
（　　　　　　　　　）
をうち合う場面。

出だしの文に
注目してね。

11

クイズ

② て、が用紙に書いてあった字は何色？

① 赤　② 青　③ 黄

答え ● 87ページ

---

2 次の文章を読んで、問題に答えましょう。

おしつめながらなおかならに先生の目は、エックスせんなんだよね。

「もしもし、ようこさん。」
「はい。」とようこさんはへんじをしました。

「おとうさんとおかあさんのぶつかったところに先生の目は、エックスせんなんだよね。」

「そうだよ。」とようこさんはいいました。

「そうか、そうだよ。」と先生のこどもたちはいいました。

が用紙に書いてあった青い字を

*エックス…レントゲンのこと。

〈あかね書房〉
古田足日「ロボット……なかまのいるうた」

---

① 「⑦ 目はエックスせんだ。」と言ったのはだれですか。
（　　　　　　　　）【50点】

② 「④ 目はエックスせんだ。」と言ったのはだれですか。記号を○でかこみなさい。
ア せんせい　イ おとうさん　ウ おかあさん【15点】

③ 先生の目がたれたのは、何を調べるためですか。
（　　　　　　　　）【20点】

・先生の目が、
とうとを調べるため。

12

5 場面のじゅんじょを読み取ろう①

目標 10分

月　日
とく点　点

1 次の文章を読んで、問題に答えましょう。

全部できて【25点】

今日は、クリスマス・イブです。
＊クリスマス・イブ…クリスマスの前夜。

かずは、お母さんからもらった大きなくつ下を、まくら元におきました。その上には、朝、サンタさんあてに書いた手紙を、大切そうにおきました。

◎ かずがしたじゅんになるように、番号をつけましょう。

（　）サンタさんくの手紙をおいた。

（　）まくら元にくつ下をおいた。

（　）サンタさんあての手紙を書いた。

2 次の文章を読んで、問題に答えましょう。

全部できて【25点】

かずは、小学校に上がる前から、サンタさんはいるとしんじていました。でも、もうすぐ雪がつもってこないのにサンタさんはじょうろって来るのだろうと思って、急に不安になってきました。クリスマスプレゼントを楽しみにしている今は、とにかくてほしいと、ひたすらねがうのでした。

◎ かずがサンタさんについて思ったじゅんになるように、番号をつけましょう。

（　）サンタさんは、本当に来るのだろうか。

（　）サンタさんは、かならずいる。

（　）サンタさんに、いてほしい。

時間と、読む気持ちを表す言葉に注目して。

13

クイズ

２

「て」でつないで、ことばとことばを間に合うように、正しいものを（　）に書きましょう。

① 大雨だから、
② 大雪だから、
③ 雪がふりそうだから、

・（　　　）を（　　　）した。

・（　　　）行った　　に。

・（　　　）けん、ちゃんの家に行った　に。

・（　　　）行った　に　を返した　に。

４ 次の文章を読んで、問題に答えましょう。

今日、国語の宿題を思い出して、学校から帰ったとき、長い時間おなかがすいていて、夕食が終わってから、それを思い出したのだ。おかあさんに、次から次へといそがしくしていたので、走って本屋へ走っていったのだ。

◎ いちばんわすれていたのは、アンケート数室の返しをどうしてもおかりに、ちゃんの家に返しに行った。

【10点×4】

３ 次の文章を読んで、問題に答えましょう。

青空だったので、帰りにはいにになってしまいました。あれに足元がぬれてしまうので、学校へ出るときには、青空だったので、帰りには…

◎ （　　　）だったが、帰りは（　　　）だった。

朝、くもっていましたが、この日の天気は、どのよう…

【5点×10】

14

6 場面のじゅんじょを読み取ろう②

物語「ひょうじゅん」

目標 10分

月　日

とく点　点

1 次の文章を読んで、問題に答えましょう。
【50点】

十一月の半ばすぎ、学校のふり

かえ休日と土日の三連休に、菜緒

はたった一人でおじいちゃんの家へ

やって来た。冬が近いおじいちゃ

んの村は、つめたい風にゆれてい

た。

かれ葉は何度も空高くまい上あがっ

た。木の葉は、夏には青かった

海が、にかわっていた。なまり色

に海がにかわっていた。海岸をおそう白い波は、むき出し

た歯のようにあらあらしかった。

夜になって、風はもっととつよく

なった。菜緒はふとんの中で、落お

ちる葉ぶきよせられる音をきき

ながら、いつのまにかねむっていた。

(竹内もと代「菜緒のふしぎ物語」〈アリス館〉より)

① 菜緒が三連休を使って、お

じいちゃんの家にやって来

たのは、いつですか。
（15点）

（　　　　　　　　　）

② 海の色は、夏からどのよ

うにかわっていましたか。

記号を〇でかこみましょう。
（15点）

ア　白→青

イ　青→なまり色

ウ　なまり色→白

③ 菜緒がふとんの中で聞い

たのは、何の音ですか。
（20点）

┌──────────────────┐
│   │
└──────────────────┘

夜になって、風がもっと

とつよくなったと書い

てあるね。

クイズ

② 庭の落ち葉は、何の木の落ち葉で、何色？

① いちょう・黄色
② さくら・へいろ・まっ赤
③ へ□ぬ□・茶色

2 次の文章を読んで、問題に答えましょう。

（内よう〈物語〉「葉緒のふしぎな体けん」アニメ館 より）

〔その日、葉緒がおきてまどからそとを見ると、庭はいちめんにおち葉でいっぱいでした。〕

地面から見えない木のようすが、赤や黄色のおち葉で、きのうの朝の風がふいて庭をうめつくしていた。

葉緒は、まどから見えない木のようすが、赤い朝の風で、ほうきをもってきて、おち葉をあつめることにした。

葉緒は火をするところをおうちの人にながめていた。

葉緒を見たおうちの人は「ねえ、きみ、火をするのをてつだってくれないか」と葉緒をよんだ。

葉緒は火をする葉を見あつめて、たくさんの火をつけていった。

くんくんとにおいをかいでいるうちに、葉緒は、

だんだんねむくなってきた。

③ ──④「葉緒は」は、どのような様子を表していますか。合う様子を記号で書きな記

ア よろこんでいるような様子。
イ こわがっているような様子。
ウ だんだんねむくなっている様子。
（15点）

② ──④「落ち葉」で、葉緒は何をすることにしましたか。（15点）

（　　　　　　　　　　　　）

①　次の日は、どんな朝でし
た。（15点）

（　　　　　　　　　　　　）
（　　　　を　　　　　　　こと。）
（　　　　を　　　　する。）

（20点×1）

〔50点〕

1 次の文章を読んで、問題に答えましょう。【50点】

　金色の身から、ほわりとゆげが立ち上がる。うっとりするぐらいあまいにおいがして、菜緒は口の中につばがわいてきた。

　「これは、うまそうだ」

　さよばあちゃんが、ほうっとかぶりつく。菜緒もあわてて半分にわって、ほくっとかぶりついた。やわらかい身が口いっぱいにひろがって、のどのおくへとゆるりとおりていく。

　「あまーい」

　これまで食べたどのやきいもよりも、だんぜんあまくておいしかった。ほうほく、ほうほくとむちゅうで食べて、またたくまにさいごの一口をのみこんだ。

　はいの中のさつまいもをとり出して、菜緒とさよばあちゃんは、たき火のあとに、バケツの水を何回もかけた。

（竹内もと代「菜緒のふしぎ物語」（アリス館）より）

① さよばあちゃんと菜緒がやきいもにかぶりつく様子を表す言葉を、三字で書きましょう。一つ10点(20点)

● さよばあちゃん

（空欄）

● 菜緒

（空欄）

② やきいもを食べ終わったあとに、何をしましたか。二つ書きましょう。一つ15点(30点)

● （　　　　　　　）の中のさつまいもをとり出した。

● たき火のあとに（　　　　　　　）を何回もかけた。

答え ▶ 88ページ

2 次の文章を読んで、問題に答えましょう。

は、菜緒は家にとんでいった。

「のように、　　を待っていたらしい」を見つけ、菜緒は首をかしげた。

「？」と、菜緒は首をかしげた。

（内ぎ代「菜緒のたからもの」〈アニメえほん館〉による）

② 菜緒が——④「首をかしげた」のはなぜですか。（　）の中に、ことばを入れなさい。 (20点)

（　　　　　　　　）が、石といっしょの中に（　　　　）入れた理由がわからなかったから。

① ——⑦「いのちびろ」を持って、記号を書きなさい。 (全部できて30点)

ア　一歩いよいしょ、しんぶんのなかへ入れ。

イ　うごいたひょうしに、石の下じきになるなんて。

ウ　しんぶんをいちろいろの中に入れ。

□ ← □ ← □

1 次の文章を読んで、問題に答えましょう。　【50点】

［放課後、三年二組の教室にいたはずのもえちゃんの体は、教室からとつぜん消えました。］

えっ？ と思ったときにはもう、もえちゃんは知らない場所にいました。

ぐるっと見まわして、どこかのお店、それもたべもの屋さんにいる、ということはわかりました。でも、どうしてこんなところにいるのかはわかりません。

ここはどこ？ わたし、どうしてここにいるの？

教室で美織ちゃんのしおりをひろって……。

それからどうしたんだっけ？ なにがなんだか、さっぱりわかりません。ひろったはずのしおりも、どこにもありません。

わたし、ゆうかいされたの？

そう思ったら、なみだがにじんできました。でも、泣き声をあげたら、ゆうかいはんにどなられるかもしれません。

（香坂直「みさき食堂へようこそ」
（講談社）より）

① 「知らない場所」は、どんな場所だとわかりましたか。（10点）

（　　　　　　　　　　　）

② もえちゃんがわからないことは、どんなことですか。（10点）
・どうして

（　　　　　　　　　　　）

ということ。

③ なみだがにじんできたのは、どう思ったときですか。一文で書きましょう。（15点）

④ もえちゃんが泣き声をあげなかったのは、なぜですか。（15点）

2 次の文章を読んで、問題に答えましょう。

「……だ
ですね。」ちゅう文はしておきますと、女の子はにっこりわらっています。

ぼくは、そろそろおなかがすいてきました。お店をさがしながら歩いていると、おいしそうなにおいがしてきました。……

〈講談社〉
香坂直「みちくさ委員会へようこそ」より

① お店の（　　　　　）が、すいてきたのはだれですか。

② おなかがすいてきたから足音が（　　　　　）と思いましたか。だれとこたえましたか。

③ この人は、何だとこたえましたか。
（　　　　　）を両手で

④ 注文は、何だと言っていましたか。
（　　　　　）が、（　　　　　）。

答え ▶ 88ページ

1 次の文章を読んで、問題に答えましょう。　一つ15点【30点】

鳥にとって、どんな体であることが大切でしょうか。

まず、体の重さについて考えてみましょう。空をとぶには、できるだけ軽いほうが都合がいいはずです。

① 鳥の何について説明していますか。

・鳥の（　　　　　　　　）。

② はじめに、体の何について説明していますか。

・体の（　　　　　　　　）。

2 次の文章を読んで、問題に答えましょう。　一つ5点【20点】

鳥のほねをていねいに見たことがありますか。

鳥のほねは、竹のように中が空になっています。木と竹をくらべると、太さが同じなら、竹のほうがずっと軽いですね。同じように鳥のほねも、他の動物のほねよりずっと軽いのです。

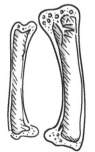

① 鳥のほねは、どんな様子ですか。

・（　　　　　　　）が（　　　　　　　）になっていて、（　　　　　　　）様子。

② 鳥のほねを、何にたとえていますか。

（　　　　　　　）

21

4 次の文章を読んで、問題に答えましょう。

体を軽くするために、鳥の体は一日のうち何回もふんをします。それに、実じつは、鳥にはぼうこうというものがありません。それは、おしっこをためておく体のぶぶんです。そこにためておかないで、そのつどすぐに外へ出すのです。ぶんも少しずつためておかないで、すぐに外へ出すのです。

① 鳥が一日のうち何回もふんをするのは、どんなよい点がありますか。

・体を（　　　　　　）する。

② ぶんやおしっこをすぐに外へ出してしまうのは、どんなよい点がありますか。

（　　　　　　）を（　　　　　　）に

一つ10点【30点】

①は「鳥」のことに注目。

3 次の文章を読んで、問題に答えましょう。

ぶを使っても、鳥はとても軽くしています。だから、空をとぶのにてきした形になっています。鳥のほねは、中がからっぽのよびになっていて、軽くじょうぶです。同じ太さの鉄のパイプとくらべてもよいでしょう。

① 鳥のほねは、何と同じですか。

（　　　　　　）

② 鉄のパイプに（　　　　　　）、よい点はなんですか。

（　　　　　　）

一つ10点【20点】

だいたいを読み取ろう②

1 次の文章を読んで、問題に答えましょう。 【50点】

ねばねば……「なっとう」はふしぎな食べ物ですね。

その昔、大豆をにて、わらの中につつめておいたところ、ぐうぜんにできたのが、なっとうの始まりといわれています。

ますますふしぎですね。どうして大豆をわらに入れただけで、こんな食べ物になるのでしょうか。

そのひみつは、もともとわらの中にすんでいる「なっとう菌」にあります。菌とは、目に見えないとても小さな生き物のことです。

なっとう菌

（「よみとく10分 なぜ? どうして? 科学のお話 3年生」〈学研プラス〉より）

① なっとうの始まりといわれているのは、どんなふうにできたものですか。(15点)

② どんなことを説明している文章ですか。(15点)
・「なっとう」という（　　　　　）な食べ物ができるひみつ。

③ なっとうができるひみつは、何にありますか。一つ5点(20点)
・（　　　　　）の中にすむ（　　　　　）菌。

菌ってふしぎだね。

答え ● 89ページ

2 次の文章を読んで、問題に答えましょう。

ヨーグルトやチーズなど、発酵によってできる食べ物は、「発酵」といって、菌の力をかりてつくられています。新たなものにつくりかえられるのは、菌がいるからです。

菌というのは、目では見えないくらい小さな生物のことをいいます。おもに水やおかしなどの中にいます。そのおかげで、おいしいものにつくりかえてくれるのです。

菌は、温かい大豆につくと、納豆になります。大豆の上で温められるとふえて、菌のかたまりになります。それが白いねばねばした糸になるのです。

変化をおこす菌は、一日で大豆の上にふえていきます。おかれると、菌がふえていくのです。

① 大豆につくとなるのは、どんな菌ですか。[15点]

（　　　　　　　　　　　）

② 納豆菌が大豆の上で、どのようにふえていくと、何になりますか。[15点]

（　　　　　　　　　　　）

③ 「菌」というのは、何の中にいますか。[10点]

（　　　　　　　　　　　）の中

④ 「発酵」とは、何をいうことですか。[10点]

・菌の力で、（　　　　　　　　　　　）すること。

1 次の文章を読んで、問題に答えましょう。 【50点】

すさまじく強い風とはげしい雨で、大きなひがいを引き起こすこともある台風。日本には、夏から秋ごろにかけてやってきます。

台風の正体は、とても巨大な風のうずまきです。うずまきは大きいものでは、直径千キロメートル以上にもなります。東京から北海道までとどく大きさです。これほど巨大な風のうずまきは、どこでどうやってできるのでしょうか。

台風は、赤道に近い南の海の近くで生まれます。

赤道の近くは、太陽が強くてりつけているため、温められた海の水が水蒸気となって、空の上にどんどん上っていきます。

*赤道…地球の表面で、南極と北極から等しいきょりにある地点をむすんだ線。

① 台風は、日本には、いつごろやってきますか。 (15点)

（　　　　　　　　　　）

② 台風のうずまきの「直径千キロメートル以上」は、どのくらいの大きさですか。 (15点)

┌─────────────────┐
│   │
│ - - - - - - - - │
│   │
└─────────────────┘

③ 台風は、どこで生まれますか。 (20点)

┌─────────────────┐
│   │
│ - - - - - - - - │
│   │
└─────────────────┘

太陽が強くてっている場所なんだ。

（「よみとく10分 なぜ？どうして？ 科学のお話 3年生」
（学研プラス）より）

2　「大きな雲になっていますが」は何についていいますか？
① 台風の赤ちゃん
② 台風のたまご
③ 台風のたまごは

---

2 次の文章を読んで、問題に答えましょう。 【50点】

〈科学のお話 3年生〉「なぜ？どうして？ かがくのなぞ」より

です。そのようにしてだんだん大きな雲になっていますが、これがいわゆる「台風のたまご」です。

間もなく回転するように動きながらへ進みます。大きな雲のかたまりは、熱いところにのって、いつの間にか台風というものになっているのです。

台風はぐるぐる回転しながら、強い風をふかせて、大きな雲のかたまりにふくれ上がっていきます。それがだんだん近道をして、赤道へ近づいていくと、積乱雲（せきらんうん）にぶつかって、雨をふらせます。温められた海の水が、水じょう気となって空の上へのぼり

① 温められた海の水が空の上へ水蒸気になってのぼり、それがひやされて雨のつぶになる。

② 「大きな雲」は①の雲に何がつきますか。

（　　積乱　　）雲に変わる。

③ 「大きな雲」は台風になるとき、どうなりますか。

（15点）

（　　　　　　　　　　　　　　　　）動いている間に、熱しながら水が
蒸気の（　　　　　　）で
大きくなっていく。

（1つ10点（20点）

正かくに読み取ろう①

1 次の文章を読んで、問題に答えましょう。　一つ10点【20点】

ミミズは、何を食べているのでしょうか。

ミミズは、落ち葉がくさってできた土をほって食べます。その土からえいようをとりだら、食べた土のほとんどをふんとして土の上に出し、土の中にトンネルを作っていきます。

① ミミズの食べる土は、もともとは何ですか。

（　　　　　　　　）

② ミミズが土をほったあとには、何ができますか。

（　　　　　　　　）

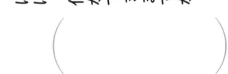

ミミズは何を作ったのかな。

2 次の文章を読んで、問題に答えましょう。　一つ10点【30点】

ミミズが土の中にほったトンネルは、土にたくさんのすきまを作る役わりをします。それにより、土はやわらかくなり、水や空気が入りやすくなるのです。

これは、人が土をたがやすのと同じはたらきをしていることになります。だから、ミミズがたくさんすんでいる畑の土は、よい土になっています。

① ミミズがトンネルをほると、どんな土になりますか。

・（　　　　　　　　）がある土。

・やわらかくて、水や空気が（　　　　　　　　）土。

② ミミズは、土をどうしているといえますか。

・（　　　　　　　　）いる。

クイズ

4 の「実に」の意味は？
① 本当に
② 具体的に
③ たしかに

（　　　　　　　　　）

4 次の文章を読んで、問題に答えましょう。

地にのびますが、実にじょうぶです。そのほとんどが、たくさんの □ の中にかくれているので、たいせつな生命のけっして、足元の土の上にすがたをあらわしている大地です。その実に多くの足を下の土の中に □ し、植物が育っていくための大地の生命の足のたくさんが、たくさんの □ の中にかくれています。

① □ にあてはまる言葉は何ですか。記号を〇でかこみましょう。

ア みき　イ くき　ウ ね

② □ には同じ言葉が入ります。その言葉を文章中から書き出しましょう。

[1つ15点　30]

3 次の文章を読んで、問題に答えましょう。

畑にあげないように、アリはそれをへやにはこび、なにかにつけてアリは葉をへやに分けて、植物が育つように、植物の根や葉から、作業をひろってきては作業をへやにはこびます。死んだアリにかえて作業をひろってきては、かれ葉なようにアリは、かれ葉をへやに分けて植物の根や動物の死んだからだ、かれ葉をへやにひろってきては、作業をひろってくるのは、かれ葉を畑にあげないようにアリは、かれ葉をへやにひろってくるのです。

◎ これは何の文章ですか。記号を〇でかこみましょう。

ア バンクをあずけるアリは、人間に
イ 生活のようすをあらわす、人間の
ウ バンクをあずけるアリは、人間の作をつくるもの、アリは、人間が

[20点]

28

説明文［きほん］

正かくに読み取ろう②

1 次の文章を読んで、問題に答えましょう。

一つ10点【20点】

葉は、成長にひつようなよう分を自分で作ります。葉には、葉の色のもとになる緑色のつぶや黄色のつぶがあり、これらが日光を集め、よう分を作ります。

◎ 葉の緑色や黄色のつぶは、どんなはたらきをしますか。

・（　　　　　　　）を集め、

（　　　　　　　）を

作るはたらき。

2 次の文章を読んで、問題に答えましょう。

一つ10点【30点】

夏、木の葉は緑色をしています。それは、葉の中の緑色のつぶのほうが、黄色のつぶよりもずっと多く、色もこいからです。

秋から冬には緑色のつぶからこわれていくので、イチョウなどの木の葉は黄色になるのです。

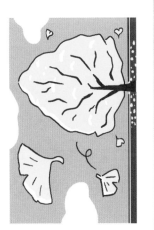

① 夏、木の葉の中には何色のつぶが多いですか。

（　　　　　　　　　　　）

② 秋から冬には、緑色のつぶはどうなりますか。

（　　　　　　　　　　　）

③ 木の葉が黄色になるのは、木の葉に何がのこっているからですか。

（　　　　　　　　　　　）

4 次の文章を読んで、問題に答えましょう。

星はみんな、月のように、地球のえい星です。そのような星を持っているものは、それぞれ火星・木星・土星などがあります。地球のような星を六十以上も持っている木星や土星は、それらの星を六十以上も持っています。木星や土星は、それらの星を「月」と言い、火星は、そのえい星を「月」と言います。

一つ5[30点]

① 地球のえい星は何ですか。

（　　　　　　　）のまわりを回る星。

② 地球のえい星は何ですか。

（　　　　　　　）

③ ——のように言えるのは、なぜですか。

（　　　　　　　）の多くの星を持っているから。

3 次の文章を読んで、問題に答えましょう。

星は、まわりを回る光を出していない星があります。太陽のように自分で光を出している星や、地球のように自分では光を出していない星があります。広いうちゅうには、太陽のような、自分で光を出している星がたくさんあります。

一つ10[20点]

◎ （ア）と（イ）とくらべて、（イ）のえい星は、どんな星ですか。

ア 自分で（　　　　　）を出している星。

イ （　　　　　）光を出している星。

① 光を出さず、（　　　　　）のまわりを回っている星。

注意！
ちきゅうは（　　　）のまわりを回っている星。

30

10分　目標時間
月　日　点　とく点

1 次の文章を読んで、問題に答えましょう。　【50点】

[は、看護の道に進むナイチンゲールとはげまし、考えていました。後にナイチンゲールは]

イタリアのローマで知り合った
シドニー・ハーバートのおくさん
から、こんな手紙が来ました。
「病院や看護について、いろいろ
調べていらっしゃるそうですね。
ロンドンにある病院のけいえい
が、うまくいっていません。こ
の病院を立てなおす仕事をして
いただけませんか。」
その病院は、もともとはたらく女の人のために作っ
たものでした。しかし、きちんと
目が配られず、いろいろ問題が起き
ていたのです。
＊目を配る あちこちに注意を向けてよく見る。

フローレンスには、ぴったりの
役目です。
「ぜひ、引きうけてください。」
お父さんも、おうえんしてくれ
ました。

（「やさしく読めるビジュアル伝記　ナイチンゲール」〈学研プラス〉より）

① シドニー・ハーバートの
おくさんからたのまれたの
は、どんなことですか。
一つ10点(20点)

・（　　　　　　　　　）に
ある病院の けいえいを
（　　　　　　　　　）
仕事。

② ①の病院は、だれが、だ
れのために作ったものです
か。
一つ15点(30点)

・（　　　　　　　　　）が、

（　　　　　　　　　）
のために作ったもの。

病院内のことに注意が行きとどいていなかったために、問題が起きていたんだって。

クイズ

2
ア、小さなエレベーターは、どのように使われた？
①物をもって、階に運ぶ。
②看護師が上り下りする。
③病人をすばやく運ぶ。

答え ▶ 90ページ

2 次の文章を読んで、問だいに答えましょう。

【50点】

ア、この「ロープレーをにして、新しい病院にこうした。

この「エレベーター」を、物を取りかえながら、病人たちは、コロンブスたちが考えついた当時の人たちは、新しい病院にこうした⑦エレベーターを考えつきました。

小さなエレベーターを階に運びながら、荷物をもったたちは、エレベーターを使って、アイデアをこうした当時の人たちは、エレベーターを運びます。

患者の階段を上り下りしないよう、荷物をもったたちは、エレベーターに運びます。看護師をよぶために、小さな荷物を運ぶためにします。

「ナース」は「看護師のよびかけのベルが鳴り、看護師をよびます。

看護師の部屋のベルが鳴り、病人は、看護師をよびます。

「ナースコール」になっています。今でもよく見かけます。

今、「ナースコール」は、どのようにみんなでよんでいますか。

① ⑦「当時の人たちが考えついたアイデア」とは、どのようなものですか。
（　　　　　）

【15点】

② ⑦「エレベーター」を、看護師はどのように使いましたか。合うものに、「○」の記しを書きましょう。
【一つ10点 20点】

ア 看護師が、階段を上り下りする手間がはぶける。
イ よんでいるところがわかり、看護師が手間がはぶける。

□ ⑦

□ ⑦

③ ⑦「看護師をよぶベル」は、今、何というでしょうか。
【15点】

（　　　　　）

32

正かくに読み取ろう④

1 次の文章を読んで、問題に答えましょう。【50点】

　フローレンスは、新しい病院にエレベーターやナースコールを取り入れました。

　それから、それぞれの階で、お湯が出るようにしました。今では当たり前のことですが、⑦百五十年以上も前では、めずらしいことです。

　フローレンスは、いちいちとはだちをはじめ、看護師たちをまとめ、①病人をあたたかく看護しました。

病院で使うぬのは、それまでのぼろぼろでよごれたものをせいけつな新しいものにかえ、小麦粉を買いいれ、パンやビスケットをやきました。食事にも気を配り、...

（「やさしく読めるビジュアル伝記 ナイチンゲール」〈学研プラス〉より）

① ⑦「百五十年以上も前では、めずらしいこと」とありますが、どんなことがめずらしいのですか。(20点)

[　　　　　　　　　　　　　　]

② ①「病人をあたたかく看護しました」とありますが、フローレンスは他に新たにどうしましたか。一つ10点(30点)

● 病院で使う（　　　）を、（　　　）な新しいものにかえた。

● （　　　）に気を配り、小麦粉を買って、パンなどをやいた。

「フローレンス」は名前で、「ナイチンゲール」が名字だよ。

クイズ

①ピン ②リンゴ ③コスモス ④トマト

ア、アローンビーが、買ったうすい麦粉で作ったもので、あてはまるのは?

（　　　　　　　　　　　　　　　）

2　次の文章を読んで、問題に答えましょう。

[50点]

①病院の売店で買い物をしている人を見かけます。むやみに物を買いたくなる人もいますが、あの患者さんを見ていると、心が安らかになる人もいます。それぞれ入院していたという、買い物がへたな人を、早く見つけて、②「気がついて。」あの患者さんを見ていると、看護師に、少しでも食べられないものは、どんなものを食べられるのは、③病人にとって、すぐにでも少しでも食べられないのは、少しでも食べられるものは、少しでも食べられないものは。

① ㋐「病院の物を買い」とありますが、「キ」には、どんな物を買いそうですか。「〜物。」に答えましょう。五字で答えましょう。 [15点]

┌─────────────┐
│　　　　　　　　│
└─────────────┘

② ㋑「そう気づいた」とありますが、何に気がついたのですか。少しだけど、食べられるのは、悪者ですか。 [10点・20点]

（　　　　　　　　　）

③ ㋒「病人にとって」②の場合は何でしょうか。少しだけど、食べられるのは、から。 [15点]

（　　　　　　　　　　　）

---

1 次の文章を読んで、問題に答えましょう。

一つ10点【50点】

　世界じゅうの数学者たちは、親しい仲間まっ作る間っで、たくさんの記号を使ったり、その本が外国に広まったりして、少しずっまとまっていきました。同じ記号同士で同じ記号を使うようになって、少しずっまとまっていきました。

　今、あなたが使っている＋−×÷＝の記号は、どのようなものなのでしょうか。

　「＋」と「−」は、今から五百年以上前に、ドイツ人のウィドマーンが発表しました。＋は、古いヨーロッパの言葉、ラテン語のet（「〜と」という意味）を、−は、ドイツ語のminus（マイナス）の頭文字のmを、速く書いているうちに、たんじゅんになったものだといわれています。

（「よみとく10分 なぜ？ どうして？ 身近なぎもん 3年生」
〈学研プラス〉より）

① 説明の中心になっているものは、何ですか。漢字二字で書きましょう。

② 「多くの人が同じ記号を使うようになっ」た理由は、いくつあげられていますか。

③ 「＋」と「−」は、⑦今からどのくらい前に、⑦どこの国の人が発表しましたか。

⑦ （　　　　）以上前

⑦ （　　　　）

④ ラテン語をもとに生まれたのは、「＋」と「−」のどちらですか。

＋・−・×・÷・＝などの記号を、わたしたちは算数でよく使いますが、これらの記号は、どのようにして作られたのでしょうか。

「＋・−」の記号は、今から約四百年前に発表されました。

「＋」はラテン語の「エト（＝and）」という意味の言葉からできたといわれています。

「×」は、今から約四百年前にイギリスの数学者によって発表されました。当時はかけるという意味で使われていた「＋」の記号の向きを少し変えて（かたむけて）「×」の記号を作ったようです。

「÷」は、今から約三百六十年前にスイス人からうまれたといわれています。イギリスから広まりました。

「＝」は、今から約四百六十年前にイギリスの学者によって発表されました。この＝の記号は、二本の同じ長さの線でできています。同じ意味で使っては長さのちがう二本の線を使っていたことから、同じ意味として長さの等しい二本の線を使ったのです。

① 「×」の記号は、今から約何年前に発表されましたか。(10点)
約（　　　　　）年前

② 「÷」の記号は、どこ（ア）の国から（イ）広まりましたか。(5点×2)
⑦（　　　　　）
①（　　　　　）

③ 「＝」の記号は、どこから作られたと考えられますか。(20点)
［　　　　　　　　　　　　　　　　　
　　　　　　　　　　　　　　　　　
　　　　　　　　　　　　　　　　　］

④ ＝を○で説明した文章ではどれになるか。記号（10点）
ア 記号を○で説明した文章ではどれになるか。記号
イ 記号の意味をこわしてしまうような使い方。
ウ 記号の意味を生かす使い方。

[50点]

36

とく点

点

月　日

目標

10
分

1 次の文章を読んで、問題に答えましょう。

一つ10点【20点】

ひろきは、朝起きると、決まってすることがある。ふとんをあけて着がえると、毎年植えているあたがおのはちに、じょうろでたっぷりと水をやるのだ。

今年は何色の花をさかせてくれるのか、楽しみにしながら水やりをする時間が、ひろきはすきだった。

◎ ひろきが朝起きて、かならずすることは、何ですか。

・（　　　　　　　　　　　）のはちに、じょうろで
（　　　　　　　　　　　）をやること。

「決まってすることがある」の次の文に注目！

2 次の文章を読んで、問題に答えましょう。

一つ15点【30点】

友だちとサッカーをしていたひろきは、何度かボールをけったが、とつぜんかけ出して行った。

ひろきは十分後、うさぎ小屋のそうじをしていた。ひろきのとなりでは、大すきなみかちゃんが、うさぎにえさをやっていた。うさぎ当番をわすれていたのだ。

① はじめ、ひろきは、だれと何をしていましたか。

・（　　　　　　　　　　　）
をしていた。

② ひろきが、「かけ出して行った」のはなぜですか。

・（　　　　　　　　　　　）
をわすれていたから。

4 で、「ほんたい」の意味は？
① ほんとに
② いつも
③ どうして

---

④ 次の文章を読んで、問題に答えましょう。

だいくんは、まだ見たことのない山を見て、ほんとうに目の前にあるとはしんじられない。
ほんとうにおおきくて、だんだんおおきくなっていく。
しぜんのちからにおどろいて、ひろがっていくいなかの*けしきを見ていた。
だいくんは、やわらかな風を感じた。

*いなか…町からはなれた、田や山のある土地。

【30点】一つ15点

① ──①「着いた」とありますが、何を見ていますか。
（　　　　　　　　　　）

② ──④「ひろがって」とありますが、何がひろがっていますか。
（　　　　　　　　　　）

---

③ 次の文章を読んで、問題に答えましょう。

ぼくは、あした、ピクニックに行く。
あしたは、きっと天気がよくなる。
リュックサックには、おやつや、水とうや、地図など、いろいろなものをおかあさんがじゅんびしてくれた。
よるになって、なかなかねむれない。
ねている間も、リュックサックのことばかりかんがえていた。

【20点】

◎ ──「なかなかねむれない」とありますが、なぜですか。
（　　　　　　　　　　）
あした、ピクニックに行くのが楽しみで。

1 次の文章を読んで、問題に答えましょう。 【20点】

くまの森にすむくま太は、はちみつが大好物。今日もくま太は、はちみつのすがしに出かけた。めぎすは一本すぎのあるあたりだ。あのあたりには、よくはちのすがあるのだ。

◎ ──で、くま太は、どこに行きましたか。

次に「あめすは」とあるね。そこに行くんだ。

2 次の文章を読んで、問題に答えましょう。 1つ15点【30点】

鼻のいいくま太は、においではちのすの場所がすぐにわかる。一本すぎが近づくと、⑦黒い鼻をくんくんさせる。

くま太の足がぴたりと止まった。あのあたりににおいをとらえたのだ。風の向きを注意深く調べる。そして、①左に向きをかえてさっと歩き出した。

① ──⑦で、くま太は、何をしているのですか。

・（　　　　　）の場所をさがしている。

② くま太が「①左に向きをかえてさっと歩き出した」のは、なぜですか。

・はちのすのある

（　　　　　）がわかったから。

③ 五十メートル走の練習で、たくみさんは、橋を何かいおうふくした？

① 一かいおうふく
② 二かいおうふく
③ 三かいおうふく

---

4 次の文章を読んで、問題に答えましょう。

たくみさんは、面をつけてビシッ！と用意し、
「れい！」という地い

⑦たくみさんの顔も後ろに流れる感じがする
白い父母たがうしろに走った
テープが父母の後ろに流れるとドンと鳴った

思わずたくみさんは、
「ヤッター。」
と声をあげた。

① 次の文の説明は、⑦〜⑦のどれですか。記号を（　）に書きましょう。

② ⑦——「たくみさんの顔も後ろに流れる」とは、どんな様子を表していますか。次の（　）にあてはまる言葉を考えて、書きましょう。

（　　　　　　）で走っている様子。

あげたのは、なぜですか。
（　　　　　　）から。

[15点][30点]

---

3 次の文章を読んで、問題に答えましょう。

たくみさんは今日も五十メートル走の練習をする。今日も運動会で、五十メートル走を走ったとき、橋をとおってへとへとになったが、橋はちょうしてもうすぐ着いた。おうとのその長なり橋は

◎ この橋は、どの場面で、たくみさんは、何をしている場面ですか。

（　　　　　　）の練習をしている。

[20点]

運動会が近いんだね。

40

1 次の文章を読んで、問題に答えましょう。　【50点】

　子どものきつねは、遊びに行きました。真わたのようにやわらか⑦い雪の上をかけ回ると、雪の粉が、こなのようにとびちって、小さいにじがすっとうつるのでした。

　するととつぜん、後ろで、ドタ、ドタ、ザーッと、ものすごい音がして、パン粉のような粉雪がぶっかぶさって来て、子ぎつねに、おっかぶさって来ました。

　⑦子ぎつねはびっくりして、雪の中に転がるようにして、十メートルも向こうにげました。

　なんだろうと思って、ぶり返って見ましたが、何もいませんでした。

　それは、もみの木＊の枝から、雪がなだれ落ちたのでした。まだ、えだとえだの間から、白い絹糸＊のように雪がこぼれていました。

＊もみの木…マツ科の木。クリスマスツリーとして使われる。
＊絹糸…カイコのまゆから作った糸。

「10歳までに読みたい日本名作5巻
手ぶくろを買いに（新美南吉）」〈学研プラス〉より

① ──⑦のとき、何がどうなりましたか。（15点）

● 雪の粉がとびちり、

（　　　　　　　　　　　）

がうつった。

② ──⑦で、子ぎつねは、何にびっくりしたのですか。（15点）

●（　　　　　　　　　　　）

からなだれ落ちた雪。

③ この場面で、子ぎつねは、何をしていましたか。記号を○でかこみましょう。（20点）

ア　雪の上で遊んでいた。

イ　雪遊びしたことを思い出していた。

ウ　雪で遊ぶゆめを見ていた。

41

2 次の文章を読んで、問題に答えましょう。

「ぼたん色って、どんな色？」と、こぎつねは母さんにたずねました。

「そうねえ、ぼたん色って、夜がやっとあけてくるころの、やさしくあたたかな、もえるような色よ。」

母さんの手の中の毛糸のおててにだいてもらいながら、こぎつねはそう思いました。

母さんは、毛糸の手ぶくろを買ってやろうと、町まで行くことにしました。

とちゅうで、こぎつねはだんだん、こわくなってきたのか、手ぶくろを買いに行くのをいやがりだしました。

「お母ちゃん、お手々がつめたい、お手々がつめたい。」と、こぎつねは両手をこすり合わせながら言いました。

「もうすぐ、あたたかい手ぶくろが買えるから、それまでのしんぼうよ。」と、母さんはこぎつねの手をにぎってやりました。

だまって両手をこすりあわせていたこぎつねは、母さんの手をつかんでいた手をふりはなすと、

そうして、こぎつねは、ぼたん色のぼうしの前にたちました。

子ぎつねは、間もなくあらあら帰ってきました。

〈10歳までに読みたい日本名作選5「新美南吉」学研プラスによる〉
「手ぶくろを買いに」

---

① 「お手々がつめたい、お手々がつめたい。」と、子ぎつねは、なぜそう言ったのですか。（20点）

（　　　　　）にまけたから。

② 次の文は、子ぎつねの文の、――線の言葉は、この場面での、子ぎつねの行動を書いたものです。（　）にあてはまる言葉を書きましょう。（10点×3＝30点）

買ってほしいと思った。
を（　　　）

↑

だけど、その手には、（　　　）を自分の手を見た。

↑

だけど、その手には、（　　　）色になり、ねの手を見た。

【50点】

物語［ひょうじゅん］

20 人物の行動を
読み取ろう④

10分　目標

月　日　点

とく点

1 次の文章を読んで、問題に答えましょう。 【50点】

きつねの親子は、にぎつねの手ぶくろを買いに町のそばまでやってきました。

ぼうやだけを一人で、町まで行かせることになりました。

⑦「ぼうや、お手てをかたほうお出し。」と、お母さんぎつねが言いました。

その手を、母さんぎつねは、しばらくにぎっている間に、かわいい人間の子どもの手にしてしまいました。ぼうやのきつねは④その手を広げたり、にぎったり、つねってみたり、かいでみたりしました。

「何だかへんだなあ、母ちゃん、これなあに?」

と言って、雪明かりにまだて、人間の手にかえられてしまった自分の手を、しげしげと見つめました。

「10歳までに読みたい日本名作５巻
手ぶくろを買いに(新美南吉)」(学研プラス)より

① ⑦「ぼうや、お手てをかたほう、お出し。」と言ったとき、お母さんぎつねは何をしようとしていましたか。
一つ15点(30点)

● 子ぎつねの

（　　　　　　　）を

（　　　　　　　）にかえようとしていた。

② ぼうやのきつねが──④のようにしたのは、なぜですか。記号を〇でかこみましょう。 (20点)

ア 自分の手が、とてもすてきな手になったから。

イ 雪明かりがうつって、自分の手がちがう手に見えたから。

ウ 自分の手が、見たこともない手になったから。

子ぎつねの言葉に注目しましょう。

クイズ ②　ア「決して」、イ「いただいた」の意味の言葉は？
①くらい　②ぜったいに　③もらった

2　次の文章を読んで、問題に答えましょう。

「10歳までに読みたい日本名作5」（新美南吉「てぶくろを買いに」〈学研プラス〉より）

子ぎつねは、町の灯を目あてに、雪明かりの野原をよちよちやってきました。はじめのうちは灯が一つきりだったのに、町に近づくにつれて、二つ三つ四つとふえていきました。

子ぎつねは、はじめてみる町の灯を、「お星さまは、あんな低いところにも落ちてるのねえ。」と思いました。

「坊や、⑰この手を出してはいけないよ。決して、こっちのほうの手を出してはいけないよ。」と、人間の手のほうをしっかりにぎらせました。

「人間はね、坊や、こっちの手を出すと、手ぶくろを売ってくれないんだよ。だから、きっとこっちのほうの手、人間の手のほうを出すんだよ。」

二つの白銅貨を、お母さんぎつねは、しっかりにぎらせてやって、町のほうへ向かって歩いていきました。

---

①　⑰「この手」は、何の手ですか。(10点)

（　　　　　　　）の手。

②　⑦「二つの白銅貨」で、何を買うのですか。(10点)

（　　　　　　　）を買うため。

③　⑪「向かって」は、どこへ向かって歩いていきますか。(15点)

・（　　　　　　　）へ向かう。
手ぶくろを
すぐに。

④　この場面で、お母さんぎつねが数えているのは、どんなことですか。次の中から一つえらんで、記号を書きなさい。(15点)

（　　　）

ア　人間の行く町。
イ　人間に近づく買い方。
ウ　ウイロ町でくらす人間の数。

[50点]

21 人物の気持ちを読み取ろう①

□10分
目標
月　日
とく点　　点

1 次の文章を読んで、問題に答えましょう。【20点】

朝起きると、様子がいつもと何かがちがう気がした。カーテンを開けてわかった。

「雪だ。初雪だ。よし、雪だるま、作るぞ。」

太郎は、じっとしていられなくなった。

◎ ――のとき、太郎はどんな気持ちでしたか。記号を○でかこみましょう。

ア とてもうれしい。

イ すごく悲しい。

ウ なんだかさびしい。

前の太郎の言葉にも注目しよう。

2 次の文章を読んで、問題に答えましょう。 1つ15点【30点】

次の日になると、太郎が作った雪だるまの半分はとけて形がくずれていた。日が高くなると、どんどんあたたかくなり、目にしておいたみかんの一つは地面に落ちていた。それは、太郎は雪だるまが消えていくのを見るのがつらかった。それは、*あい大ジローが死んだときのつらさに似ていた。

*あい大=かわいがっている（犬）。

① ――の雪だるまを見たとき、太郎はどんな気持ちでしたか。文章中から書き出しましょう。

（　　　　　　　　　）

② ①の気持ちは、どんなときの気持ちににていましたか。

・（　　　　　　　　　）とき。

クイズ
③ ボールは何に分けた。
① おわん
② はっぱ
③ な、

4 次の文章を読んで、問題に答えましょう。

ポン吉はおもわず、たぬきの口ちに水を入れた。

たぬきは、「あわてんぼうだけど……。」家へ着くと、ポン吉は水をのませた。

「……がぶがぶ。」たぬきはやっと気がついた。

「……。」

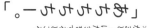

① 文章中の □ にあてはまる言葉を、次からえらんで、記号を○でかこみましょう。

ア ぐったりしていました。
イ にこにこしていました。
ウ ゆうかんにたたかいました。

[15点]

② ──とありますが、ポン吉は、どんな気持ちでしたか。文章中の言葉を使って書きましょう。

[30点]

3 次の文章を読んで、問題に答えましょう。

やりくりは、ある日、ポン吉がくるくると回転しているのを見つけた。

◎ 文章中の □ にあてはまる言葉を、次からえらんで、記号を○でかこみましょう。

ア みるみる
イ とりとり
ウ どんどん

ポン吉の気持ちは、不安でいっぱいです。

[20点]

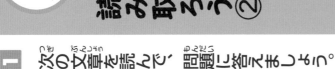

標目 10分

点

月 日

とく点

1 次の文章を読んで、問題に答えましょう。 【20点】

三十分ほど歩くうちに、雲がだんだん出てきた。今にも雨がふり出しそうだ。犬の散歩で、今日はいつもより遠くまで来てしまった。あんずは急に　　　　　なった。

◎ 文章中の　　　　にあてはまる言葉の記号を、○でかこみましょう。

ア 楽しく　　イ 細く

ウ にくらしく

天気が悪くなってきたうえに、遠くまで来てしまったんだもね。

2 次の文章を読んで、問題に答えましょう。 一つ10点【30点】

今日は、あんずのピアノの発表会だ。自分の番が近づくにつれ、⑦むねがどきどきしている。

いよいよ自分の番だ。あんずは、「せいこうしよう」と思いながら、指がすべってひいた。

でも、どうしてもうまくひけない。えんそうが終わると、⑦はった糸が　　①　と切れたように、体じゅうから力がぬけた。

① ──⑦のとき、あんずはどんな気持ちでしたか。記号を○でかこみましょう。

ア きんちょうしている。

イ くつろいでいる。

ウ いらいらしている。

② ①と⑦にあてはまる言葉を、　　からえらんで書きましょう。

①（　　　　　　　）

⑦（　　　　　　　）

ぷつん　だらり　ぴん

答え ● 92ページ

4 次の文章を読んで、問題に答えましょう。

> 丸太の中をへびは黒い川にわたる黒い橋をかけて来た。へびはしっぽを川につけて、身をのばした。へびはちいさなくまだけに「さあ、これでわたるといいよ。」と、身をかがめた。

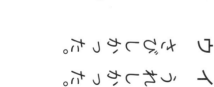

◎ へびは、ちいさなくまに、どんな気持ちで言いましたか。あてはまる記号を○でかこみましょう。

ア よろこんでいた。
イ かなしんでいた。
ウ うれしかった。

【25点】

お魚に気をつけて、けがをしないようにしましょう。

---

3 次の文章を読んで、問題に答えましょう。

> へびとくまは、森の中へさんぽに行った。太川によって丸々と近所の川によったへびは、魚をつかまえた。へびは「今年一番のなまけものだ。」と、くまに言った。くまは、とてもはずかしい気持ちになっていた。

◎ へびが「今年一番のなまけもの」と言ったとき、くまはどんな気持ちでしたか。あてはまる記号を○でかこみましょう。

ア びっくりしている。
イ よろこんでいる。
ウ はずかしくてこまっている。

【25点】

「一番」に注目しましょう。

1 次の文章を読んで、問題に答えましょう。【50点】

［あいりは、おじいさんや、おかあさんなど、友だちのミャンマー一家が参加している「ミャンマー・フェスティバル」に出かけた。］

　女の人だけでなく、男の人の踊りや、男女がいっしょにおどるのもある。くわだるをかえて、農作業をしているような踊りや、*きらびやかな衣装で大勢がおどりまくるようなはげしい踊りもあった。

　あいりは、うっとりして見入った。

　踊り手たちがみんな踊り、曲がおわり、舞台から去っていく。会場は大きな拍手につつまれた。あいりも、*我にかえって思いきり拍手をした。熱中していたんだ。自分も。

*きらびやか…はなやかに美しいようす。
*我にかえる…夢中になっていた人がもとの自分にもどる。

ミャンマー・フェスティバル

（茂木ちあき「空にむかってともだち宣言」）
（国土社）より

① ミャンマーの踊りとして、どんなものがあげられていますか。（15点）

●［　　　　］

② ——のとき、あいりはどんな気持ちでしたか。記号を○でかこみましょう。（15点）

ア　あせっている。
イ　感動している。
ウ　おどろいている。

③ 踊りが終わると、あいりはどうしましたか。（20点）

● 我にかえって
［　　　　　　　　　　　　　　　　　　　　　　］。

いろいろな踊りの見事さに、ぼうっとなっていたんだね。

① で、大勢でおどりをおどるときの、きらびやかな衣装に身を包んだ人々が身につけている、大きなかざりものは？

答え ● 92ページ

2 次の文章を読んで、問題に答えましょう。

〈国王〉
（茂木ちあき「空にえがくあしたへの言葉」）

かがわりこ。

「いっ」と、小学四年生の女の子がステージに上がってきたとき、客席から拍手と歓声があがった。

「すずねちゃん、がんばってー」

毎年おこなわれる日本の学校やきらびやかな衣装に身を包んだ子どもたちが、日本のアニメキャラクターのコスチュームを、親身になってくれた子どもたちを「大使」の称号を使してくれる日本のアニメの発表では、舞台にアイスティーを持って、

⑦「日本アニメの発表ではすずねちゃんが、

[このあいさつのおじょうさんたちは、同会の友だちと・・・・というメッセージ・・・]

① ──⑦「大使」とは、どんな子どものことですか。（1つ10点 20点）
（　　　　　）日本のアニメがすきな子どもたちに
（　　　　　）協力してくれた子どもたちに

② ──⑦のことばに、子どもたちが協力してくれた日本のあかりものの記号を、○で客席は、かきます。（15点）
ア かっさい
イ ためいき
ウ 歓声

③ ──⑦のときの、たちの気持ちにあてはまらないものを、記号は（15点）
ア こうふんしている。
イ きんちょうしている。
ウ たちにみちている。

[50点]

50

物語「ひょうじゅん」

24

人物の気持ちを
読み取ろう④

10分

標目

月 日 点

とく点

1 次の文章を読んで、問題に答えましょう。　〔50点〕

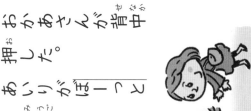

［あいりは「なかよし大使」にえらばれ、ステージの上によばれた。］

「桧山あいりさん どうぞ」

「よばれてるわよ あいり」

おかあさんが背中を押した。

あいりがぼーっとして身動きもできず、にいるので、ナミンがあいりの手を引いてステージまで上がった。

なにがなんだか わからなかった。

ティンさんは、自分たち家族が、あいりのおかげで三人の子どもたちが日本の小学校になじむことができたこと、家族みんなが安心してくらしていることなどを語った。

（茂木ちあき「空にむかってともだち宣言」）
（国土社）より

① ——線の様子のあいりは、だれに どうしてもらって ステージに上がりましたか。（20点）

_____

② ステージに上がったときのあいりの様子がわかる一文の、はじめの五字を書きましょう。（15点）

| | | | | |

③ ティンさんがあいりのおかげと話したことにあてはまらないものの記号を、○でかこみましょう。（15点）

ア 家族で日本に来られた。

イ 子どもたちが日本の小学校になじめた。

ウ 安心してくらせる。

最後のだん落をよく読もう。

51

2 「胸」の

① 胸が熱くなる
② 胸がいっぱいになる
③ 胸がいたむ

で使われる言葉は？

答え ▶ 92ページ

2 次の文章を読んで、問題に答えましょう。

あ客席から、「りい、りい」とよぶ声が、ヘッドホンからきこえてきて、りいはあわてて、大きな拍手にむかえられるステージに上がっていった。

客席から、りいは両手でもった大きな花束を、りいにわたしながら、客席の人たちに赤いバラの花束をわたしていった。

＊胸が熱くなるの、うろをろきょろして、あたりを見まわした。

＊ヘッドホン……こきに＊

い胸が熱くなって、あたりに赤い花をちらしながら、走りだしたい気もちを、じっとおさえた。

《大使》……大きなやくめのあるひと。

（茂末あきと「きもちをあらわすことば」による）

次の文章を読んで、問題に答えましょう。

③ 次の文の——①の客席の人たちの気持ちを、あとからえらんで書きましょう。（20点）

客席の人たちは、◯の言葉を見て、（　　）するような気持ち。

＞遠り。
感動。
心配い。

② ——⑦と言われて、りの胸はどうなりましたか。エウアから一つえらんで、記号を○でかこみましょう。（15点）

（　　）

ア 赤い花束をもらって、うれしい。
イ 赤い花束をもらって、マフラー
ウ 赤い花束をもらって、エ

① 受け取り・取りものが、ステージの上にのっていますか。（15点）

（　　）

1 次の文章を読んで、問題に答えましょう。 【50点】

［お母さんが、妹のあかねがかせん鳥だから大こ飼ってはだめだと言ったので、「ぼく」は不満だだった。夕食時、あかねがいないことに気づく。］

「おーい、あかねー！」

大きな声でよびながら、ぼくのむねはズンズン重たくなっていた。

さっき見た、さみしそうなあかねの顔がうかんでくる。

あかねはぼくにあやまりに来たのに、どうしてなんにも答えてやらなかったんだろう。

大通りの向こう側に、かずやくんのすがたが見えた。

「かずやくーん！ あかね見なかった？」

ぼくが大声できくと、かずやくんは歩道橋をかけあがった。

ぼくも、あわてて歩道橋の階だんを上った。

「たけしーん。」

かずやくんが、息をあらくして、かけよってくる。

「たけしくんの妹、さっき会ったよ。」

（光丘うこ「歩いて行こう」〈学研プラス〉より）

① あかねの名前をよびながら、「ぼく」のむねはどうなっていましたか。（15点）

（　　　　　　　　　　）

② ――とありますが、あかねがさみしそうな顔をしたのは、なぜですか。一つ10点（20点）

・あかねが「ぼく」に

（　　　　　　　　　　）

とき、何も

（　　　　　　　　　　）

から。

③ 「ぼく」がかずやくんにあかねを見たかと大声で聞いたとき、かずやくんはどうしましたか。（15点）

2 次の文章を読んで、問題に答えましょう。 〔50点〕

をかさねてしまった。子犬
とじっとみつめあっているうちに、
「おかあさん!」
「おかあさん。」
と、おもわず、こえをかけてしまった。おかあさんが、あしおとをきいて、こちらをみた。
だが、すぐにまたこどもの子犬をなめはじめた。
「なんだ、おかあさんじゃない。」
ぼくは、ヘいにてをかけて、かえろうとした。
でも、かえろうとしたぼくは……。
と、あかいいろにかわっていくにあかねぐもの上にあかねぐもを見上げた、あかねぐもの上にあかねぐもをかさねていった。

［すやみがねを飼っていたのですが、にげてしまって、子犬を言われ子犬を飼っていたのですが、にげてしまって、子犬を返しに回っている。］

(出典「春コンうたい」「つばさ」〈学研〉より)

① おかあさんが、ねを見つけたときの「ぼく」の気持ちを、次からえらんで、記号を○でかこみましょう。 〔10点〕
　ア びっくりなり、あわてている気持ち。
　イ よろこんでいる気持ち。
　ウ 安心する気持ち。
　エ 悲しい気持ち。

② 「ぼく」が、おかあさんの声をきいたときの「ぼく」は、なぜあやまっているのでしょう。 〔15点〕

③ 「ぼく」は、おかあさんにたいして、なにを、あやまっているのでしょうか。 〔10点×5つ〕
　「ぼく」は、（　　　　　　）を（　　　　　　）と言い（　　　　　　）。

④ ねの足音がきこえると、おかあさんは、どうしたとかんがえられますか。 〔15点〕

説明のすじ道をしかもう①

1 次の文章を読んで、問題に答えましょう。

全部できて【20点】

　アサガオのかんさつをしたことはありますか。

　アサガオは、ぼうにつるをからませながら上へ上へとのびていきます。このように、他の物にすがってのびる植物を、つる植物といいます。

◎ どんな説明のじゅんになっていますか。番号をつけましょう。

（　）まとめる。

（　）問いかけをする。

（　）中心となる話題を出す。

「〜ますか。」と、読む人に問いかけた文があるよ。

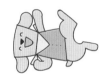

2 次の文章を読んで、問題に答えましょう。

一つ10点【30点】

　アサガオは、くきがつるになっていて、それを物にまきつけるようにのびていきます。

　くきは、まきひげという手のようなものを葉のつけ根から出し、それで物をつかんでのびていきます。

① どんなじゅんに書かれていますか。

・（　　　　　）ののび方。

➡（　　　　　）ののび方。

② くきのまきひげは、どこから出ますか。

（　　　　　　　　　）

クイズ
④の「やがて」とにたいみの言葉は？
①すぐに ②あとから ③そのうち

4 次の文章を読んで、問題に答えましょう。

太陽は、やく五十億年まえにうまれました。そして、太陽は、やく五十億年後にはその一生を終えるといわれます。

地球はその太陽のまわりを回っています。地球が太陽のまわりを回る前に、太陽の*そらをくるくるもえていますが、それは、太陽は短くちぢれているうちに地球も
＊のようにみえるのです。

◎

カ わくせいというのは、地球や太陽よりも前の人間の一生のようすのことで、文章中に説明されている記号を〇で答えましょう。
オ 地球 ア こうえいという太陽のじゅみょう。
イ こうえいという地球のじゅみょう。
ウ 人間のじゅみょう。
エ 地球の人間のじゅみょう。

地球のぶんのようすが、太陽のじゅみょうにくらべてたいへん短い様子。

〔二〇点（一〇点×二）〕

3 次の文章を読んで、問題に答えましょう。

なぜ、太陽はねつや光を出しているのでしょうか。それを説明するなぜ、太陽はねつや光を出しています。そのねつや光をうけとる気体にうつっていく気体がやわらかくなるという作業が、たいへん、うち返ってくるのです。

◎

・ 文章中から何にあたりますか。四字で書き出しましょう。

太陽では、

□□□□ が

□□□ にかわる。

〔二〇点（一〇点×二）〕

1 次の文章を読んで、問題に答えましょう。 一つ二〇点【30点】

湖や海のそこは、化石ができやすいところです。

魚が死ぬと、湖や海のそこにしずみ、しずかに横たわります。その上に、どろやすながつもっていきます。長い年月の間に、そのどろやすなが重さのためにかたまっていきます。そして、魚の死がいといっしょにかたい石になります。これが魚の化石です。

① はじめに、何について説明していますか。

・(　　　　　)ができやすいところについて。

② 次に、何について説明していますか。

・魚の〔　　　　　〕が〔　　　　　〕様子。

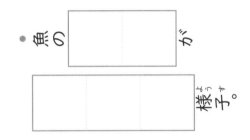

三つ目の「落」だん目に注目!

2 次の文章を読んで、問題に答えましょう。 【20点】

何千万年という間に、海のそこだったところが、りく地や山になったりすることがあります。

海のそこには、化石をふくんだ岩があり、その岩がりく地や山になると、山の中から海の魚の化石が出てくることになるのです。

◎ 何について説明していますか。記号を〇でかこみましょう。

ア 山の中から海の魚の化石が発見されるわけ。

イ 海のそこが山になるわけ。

ウ 多くの化石が出るわけ。

クイズ

3 で、チューリップの球根の形を、何にたとえている？
① じゃがいも ② にんじん ③ たまねぎ

---

4 次の文章を読んで、問題に答えましょう。

チューリップなどの花をさかせる球根から、大きな葉が出て花をさかせます。その球根は、五年もしたら球根は小さくなり、やがてなくなってしまいます。そのため、球根を植えなおして、少しずつ葉が数年間は球根を育つのために、多くの時た

① 「たね」は、何のたねですか。【20点】

（　　　　　　　　　　）

② 文章に書かれている「たね」に記号を書きましょう。【(全部できて)10点】

ウ 球根を植えてから、たねかわかるもの。
イ たねで、たねから花をさかせるもの。
ア たねから花をさかせるもの。

---

3 次の文章を読んで、問題に答えましょう。

球根を植えるチューリップの花をさかせるたねはないです。チューリップの花をさかせるのは球根です。球根を植えて、よい形をしているその球根は、たねとしてもよいしている球根は花をさかせるたねとはいえます。そのなかにたまっているえいようが分かります。そのなかにたまったものには形をしている球根は、たねとしてもよいている球根の中には、よい形をしている球根の花をさかせるたねでは

◎ チューリップは、どんなじゅんでせつめいして
いますか。【30点】

● チューリップは、（　　　　　）を植える。

球根には（　　　　　）が
たくわえられている。

説明のすじ道をつかもう③

1 次の文章を読んで、問題に答えましょう。 【50点】

　かみの毛は、どうやってのびるのでしょう。

　かみの毛は、頭の皮ふの内がわにある「毛球」というところでつくられます。植物にたとえると根にあたる部分です。

　毛球では、まわりの血管からえいようを受け取り、かみの毛のもとである「毛母細ぼう」をどんどんふやしていきます。

　次つぎにふえていくので、できたものはすぐ新しくできたものにおし上げられていきます。こうしてかみの毛は成長しのびていくのです。

〈「よみとく10分 なぜ？どうして？ 科学のお話 ３年生」〈学研プラス〉より〉

① かみの毛は、どこでつくられますか。漢字二字で書きましょう。(15点)

② ①の部分は、植物にたとえると、どこにあたりますか。(15点)

（　　　　　　　　）

③ かみの毛がのびるじゅんになるように、記号を書きましょう。(全部できて20点)

ア　毛母細ぼうをどんどんふやす。

イ　毛球でえいようを受け取る。

ウ　できたものが次つぎにおし上げられていく。

クイズ

② かみの毛はだいたい、一日に何本くらいぬける？

① 五十〜百本　② 百〜百五十本　③ 百五十〜二百本

2 次の文章を読んで、問題に答えましょう。

なんと、一本の毛あなから生えてくる毛の本数は決まっていて、その数はだいたい五十〜百本ぐらいといわれています。

たねの毛あなから毛が生えてくるたびに、毛はのびていきます。毛は、のびてのびて、やがて五年くらいのびると、成長が止まります。成長が止まった毛はぬけて、そのあとからまた新しい毛が生えてくるのです。

でも、同じ毛あなから生えてくる毛は、一生のうちに一度生えたら二〜五年のびて、三〜五年間はそのままのびて、成長が止まるところで、新しい毛に生えかわります。

赤ちゃんのとき生えていた毛は、一生のうちに何本もへりかわっていくのです。

〈学研「よみとく10分 10分でよめる科学のおはなし 3年生」より〉

① かみの毛が、どのように成長してゆくのかがわかるように、すべての毛の成長に記号を書きましょう。（全部できて20点）

ア〜ウのように。

ア かみの毛が同じところから生える。
イ 二〜五年で成長が止まるところ。
ウ 三〜五年間はそのままのびる。新しい毛に生えかわる。

□ ← □ ← □

② かみの毛がぬける本数と、生えかわる本数について、（　　）にあてはまる言葉を書きましょう。（一つ15点(30点)）

大あなの毛がぬける本数と、生えかわる毛の本数が（　　）から。

大あなの毛は取りのぞかれるから。

【50点】

1 次の文章を読んで、問題に答えましょう。　【50点】

横断歩道は、車がたくさん通るところで、歩行者や自転車が安全に道路をわたるために、つくられたものです。

その車ため、と歩行者の両方から、よく見えなくてはいけません。そこで黒っぽい道路でよく目立つ白のしまもようになりました。

でも、はじめから、今のようなもようだったわけではありません。

日本ではじめての横断歩道は、一九三〇年に、東京を走る路面電車の線路を、横切るためにつくられたもので、平行な三本の白線が引かれていただけでした。

① どんなじゅんで説明していますか。記号を書きましょう。
（全部できて20点）

　ア 横断歩道が白のしまようになった理由。

　イ 日本ではじめての横断歩道のようす。

　ウ 横断歩道がひつような理由。

□ → □ → □

② 「そのため」が指している部分を書き出しましょう。
（15点）

_____

③ 日本ではじめての横断歩道は、何が引かれていただけのものでしたか。（15点）

（　　　　　　　）

「あきとく10分 なぜ？ どうして？ 身近なぎもん 3年生」
（学研プラス）より

答え ▶ 93ページ

クイズ

1 ア、日本ではじめての横断歩道は、いつ、どこにつくられた？
① 一九〇〇年・京都 ② 一九二〇年・東京 ③ 一九四〇年・福岡か

---

2 次の文章を読んで、問題に答えましょう。

〈学習のめやす〉
身近なものについてせつめいした文しょう。（3年生）

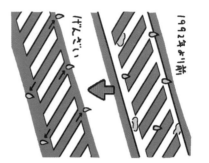

1912年より前　げんざい

横断歩道は、白線だけのもの、白線のあいだに雨水がながれるみぞがあるものなど、いろいろなしゅるいがあります。

道路を白線だけでくぎるのは、それがいちばんかんたんで、お金もかからないためです。

みぞがあるものは、道路の白線のあいだをくぎって、雨水がながれるようにしているためです。

こたえは、白線だけの横断歩道が世界の横断歩道の形だからです。ほかの国のものをまねたものはほとんどありません。

〔白線だけの形にしたのは、日本の横断歩道が、その両がわの形をまねたもので、白線だけの形がよいとされたからです（一九三二年）。〕

ア よごれた道路や白線の間に、雨水がたまったりします。

イ 白線と白線の間にすき間があり、車やじてん車のタイヤがはまることがありますね。

① この文しょうは、どのようなことについて書かれていますか。（15点）

「横断歩道の（　　　　　　　　　　）について」

② 「ほかの国へのものをまねていない」のは、どんな理由からですか。（15点）

（　　　　　　　　　　）から。

③ つぎのア・イのうち、白線の説明として合うほうの記号を○でかこみましょう。（20点）

（　　　　　　　）

【50点】

説明文〔きほん〕

30

だん落をつかんで
要点を読み取ろう①

10分
標目...点
月　日
とく点

1 次の文章を読んで、問題に答えましょう。　一つ10点【20点】

①お正月をむかえると、わたしたちは「おめでとう」と言っておたがいにいわい合います。いったい何をいわい合っているというのでしょう。

②一年のはじめだからでしょうか。それとも、他にわけがあるのでしょうか。

◎ 次のことにあてはまるだん落をえらんで、その番号を書きましょう。

ア　問いに対する答えのれいを言っている。　[　]

イ　中心になることを問いかけの形で言っている。　[　]

2 次の文章を読んで、問題に答えましょう。　一つ10点【30点】

①昔の一年のはじめは、春のはじめにおいていました。今は春のはじめを「立春」と言っていますが、昔は、これが年のはじめ、つまり正月だったのです。

②春のはじめは、きびしかった冬をすごした動物も植物も生き生きしはじめます。

◎ 次のことを説明しているだん落をえらんで、その番号を書きましょう。

ア　昔の正月の時期。　[　]

イ　昔の正月のきせつの様子。　[　]

ウ　「立春」の意味。　[　]

クイズ

4で、あるチンパンジーが道具で取ったものは？
① キャイ　② シロアリ　③ バナナ

答え● 93ページ

---

4 次の文章を読んで、問題に答えましょう。

動物も道具を使うのですが、人間は動物とちがい、考え出した道具を使って全く新しいものを作ることができます。そして、道具を作る道具をもっています。人間は考え出した道具を長くしたり、考え出した道具を作り、その木のぼうが出てきたとしても退けられないには…

① □の[2]の落の要点を書きましょう。[1つ10点]【30点】

・チンパンジーは
（　　　）を（　　　）
使っている。

② □の[2]のだん落の番号を書いている
（　　　）のだん落の番号を書いている
ものがいる。

---

3 次の文章を読んで、問題に答えましょう。[1つ20点]

動物も道具を使うのですが、チンパンジーやコンゴウインコなど、いくつかの道具を使うことをおぼえているものがいます。でも、いくつもの道具をあわせて全く新しいものを作ることができるのは人間だけです。人間だけが道具を作る道具をもっているのです。それが他…

① □の[1]のだん落の要点を（　3　）書きましょう。
・道具を使うのは、人間と他の動物のちがいで大事なこと。

② □の[2]のだん落の内ようを書きましょう。
・（　　　）を使うのは、人間と他の動物とちがって、考えている。

64

1 次の文章を読んで、問題に答えましょう。【50点】

① 前あしで道具を使う動物は、ほとんどいません。ラッコは、イタチのなかまなのに、前あしで道具を使う、めずらしい動物です。

② みなさんも知っているように、ラッコはあおむけになって、海にぷかぷかとういています。このかっこうだと、顔が水面から出ているので、息をするのが楽ですね。なにより、前あしが自由になります。おまけにおなかは、物をのせたりするのにちょうどよく、テーブルのように使えます。

③ このおなかを、お母さんラッコは、ゆりかごとしても使います。赤ちゃんが自分で泳げるようになるまで、おなかの上にのせて育てるのです。

（「もうとく10分 なぜ？どうして？身近なぎもん 3年生」（学研プラス）より）

① ラッコが「前あしで道具を使う」ことができるのは、なぜですか。②のだん落からさがして答えましょう。 一つ10点(20点)

● 海に（　　　　　）になっているので、前あしが（　　　　　）になるから。

② ラッコがテーブルのように使っているのは、体のどの部分ですか。 (15点)

（　　　　　）

③ ②の部分の、べつの使い方について書いているだん落の番号を書きましょう。 (15点)

[　　　]

ラッコのおなかって、べんりだね！

クイズ 1

1 ラッコが海にうかんで ねむるのは、なぜですか。
ア 泳げないから。
イ 空を見たいから。
ウ 体がしずんでいかないから。
③ 息をするのが楽だから。

よ
（   ）以上
・
(15点)

③ 赤ちゃんがじょうずに貝をわれるようになるには、どれくらいの練習がひつようですか。（   ）以上
(15点)

ア おかあさん
イ 赤ちゃん
ウ だんだん
② 貝わりの練習をするのは、どちらですか。次の□に番号を書きましょう。
（20点）(一つ10点)
□ はじめて貝わりの練習をする日
□ 毎日貝わりの練習をする日

① 赤ちゃんがうまれるのは、おかあさんのおなかの上です。
(15点)

2 次の文章を読んで、問題に答えましょう。

〈ラッコ〉
ラッコは、どんなところにすんで、どのようにしてくらしているのでしょうか。（小3生）

1 ラッコの赤ちゃんが生まれるのは、おかあさんのおなかの上です。赤ちゃんは、おかあさんのおなかの上で、おちちを飲んで、はじめのうちは半年以上もおかあさんにだかれてくらします。

2 貝わりの練習をはじめるのは、生まれてから半年ぐらいたったときです。赤ちゃんは、おかあさんのおなかの上で、両方の前あしで貝を持って、おなかの上にのせた石に打ちつけて、貝をわる練習をします。

3 石はとても大切な、貝をわるどうぐです。石をつかって食べたあとは、その石をおなかのよこにはさんで、なくさないようにします。ラッコは、自分だけのたいせつな石を、一年以上使って、貝をわって自分で食べられるようになるのには、一年以上の練習がひつようなのです。

4 ラッコは、動物のなかまです。ラッコは、北のつめたい海にすんでいます。そのため、人間のためにラッコの毛皮をとろうとする人がいます。

[50点]

説明文［ひょうじゅん］

32

だん落をつかんで
要点を読み取ろう③

10分
標準目

月　日

点
とく点

1 次の文章を読んで、問題に答えましょう。

【50点】

①パンダは、正式な名前を「ジャイアントパンダ」といいます。

②野生のジャイアントパンダは、中国の山おくでしか見られません。中国語では「大熊猫」と書きますが、ネコ（猫）のなかまではなく、クマ（熊）のなかまです。

③パンダはササしか食べないわけではなく、ネズミなどの動物の肉を食べることもありますが、主な食べ物は、ササやタケです。

④前あしのうらには、人間の手の親指のようなはたらきをする、かたい肉のふくらみがあり、ササなどをつかむのに役立ちます。

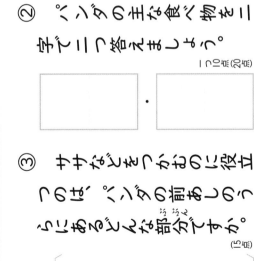

「おもしろ10分　なぜ？どうして？　科学のお話　3年生」
〈学研プラス〉より

① 次のことが書かれているだん落の番号を書きましょう。
一つ5点(15点)

ア　パンダの食べ物について。…□

イ　パンダの正式な名前について。…□

ウ　パンダのすむ場所と何のなかまについて。…□

② パンダの主な食べ物を二字で二つ答えましょう。
一つ10点(20点)

□　・　□

③ ササなどをつかむのに役立つのは、パンダの前あしのうらにあるどんな部分ですか。
(15点)

＿＿＿＿＿＿＿＿

をする、かたい肉のふくらみの部分。

2 で、動物園のジャイアントパンダの食べ物として、ほかにあげられているものは、どれでしょう?

2 次の文章を読んで、問題に答えましょう。 1つ10点【50点】

1 ジャイアントパンダは、タケやササを食べてくらしています。一日に食べるタケやササのりょうはとても多く、十四時間かけて食べます。食べる時間を使っていないときは、よくねむるのです。

2 よくねむって、食べたものをゆっくりと消化します。終わったばかりの食べものは、ジャイアントパンダのおなかの中で、ミルクのような消化されやすいものにして食べていますが、

3 食べもののためにあらそうことがないので、タケやササがたくさんある山おくにすんでいます。ほかの動物とあらそうことがありません。

4 だから、大昔から生きのびてきたのです。サイやゾウのように、大昔から今まで生きのびてきた動物は、あまりいません。そのためか、ジャイアントパンダは一日中よくねむって、遊ぶため、よくねむります。

〈学研「よみとく10分 科学のお話 3年生」〉

① ジャイアントパンダが一日の食事にかける時間は、何時間ですか。

（　　　　　　　　　　　）

② ジャイアントパンダがタケやササを食べる理由が書かれただんらくの番号を二つ書きましょう。

③「大昔から今まで生きのびてきた」のは、

（　　　　　　　）は、サイやゾウのように、

（　　　　　　　）には、あまり食べないから。

名前

目標 15分

月 日 点

とく点

1 次の文章を読んで、問題に答えましょう。

一つ10点【50点】

［コロッケ先生と小六の信和さんは、小学校で古紙のリサイクル授業を行った。］

「はじめにいったように、もともと紙は、木から作られます。紙を作るために、三十年かけて大きく育った木が切りたおされるんじゃ。みんなが古紙を集めてリサイクルしてくれたら、その木が助かります。では、木を一本助けるのに、何キログラムの古紙をリサイクルすればよいでしょうか」

コロッケ先生の質問に、子どもたちは首をかしげます。

「むずかしいのう。百キロぐらいじゃろか」

「いや、もっとかもしれん」

「一トンぐらいか?」

ざわざわと声がします。

「じつは、意外に少ないんじゃ。五十キログラムです。コロッケ先生の体重より少し少ないくらいの量の古紙を集めれば、木が一本助かるんじゃ」

（中村文人「コロッケ先生の情熱！古紙リサイクル授業」（佼成出版社）より）

① 紙を作るためには、どんな木が切りたおされますか。

② 木を助けるためには、どうすればよいのですか。

・（ ）を集めて

（ ）する。

③ 一本の木を助けるためには、どのくらいの古紙がいりますか。記号を〇でかこみましょう。

ア 百キログラム

イ 一トン

ウ 五十キログラム

④ ③の古紙の量を言いかえた部分を書き出しましょう。

・（ ）

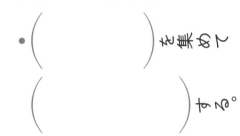

より少し少ないくらいの量。

2 次の文章を読んで、問題に答えましょう。

「なにしているの。」
トイレットペーパーは、牛乳パックから作られます。トイレットペーパー一個で、牛乳パック六枚分から作られています。

ちなみに、トイレットペーパーは、牛乳パックから作られます。

子どもたちは真剣な顔で聞いています。

コロケ先生は続けて話します。「牛乳パックを育てている木を大切にするために、古紙を使ってトイレットペーパーを作っているんだよ。」

コロケ先生のお話から、みんなは、トイレットペーパーのことがよくわかりました。

［コロケ先生は、ペーパーは牛乳パックから作られていることを説明した。トイレットペーパーは、牛乳パックから作られる。］

（中村文人「コロッケ先生の情熱！『サイクル授業』」晶文社 より 一部 改正 古紙）

① コロケ先生、トイレットペーパーは、何から作られますか。

［　　　　　　　　　　　　　　　　　　　　　　　　　　］
（20点）

② コロケ先生の説明に合うものには○、合わないものには×を、記号で答えましょう。 （15点×2）

エ　一箱分で、六枚分の牛乳パックからトイレットペーパーは作られる。

ウ　作られるトイレットペーパーは、牛乳パックから作られる。

イ　ひとつのトイレットペーパーは、およそ六枚の牛乳パックから作られる。

ア　みんなでおうえんしているように、牛乳パックから作られた製品だということがわかった。

34 様子や気持ちを読み取ろう①

1 次の詩を読んで、問題に答えましょう。　一つ10点【20点】

```
イルカ

プールで
イルカがはねた
空高くはねた
まるで
青い三日月（みかづき）
みたいだ
```

◎「青い三日月／みたいだ」は、何を三日月にたとえていますか。

・（　　　　　　）が
（　　　　　　）はねる
様子。

2 次の詩を読んで、問題に答えましょう。　一つ10点【30点】

```
時計

丸の中で
二人でいつも追いかけっこ
長い人は急いで走る
短い人は□走る
勝負はすぐつきそうなのに
いつまでも走ってる
いつになったら
終わるのかなあ
```

① 追いかけっこをしているのは、だれとだれですか。

・[　　　　　　] と
[　　　　　　]。

② □にあてはまる言葉をえらんで、記号を○でかこみましょう。

ア あわてて

イ のんびり

ウ すばやく

クイズ

③で、雨がふる様子を表す言葉なのは？

① しとしと
② たんたん
③ ぽし

---

4 次の詩を読んで、問題に答えましょう。

雪

道路に雪が
つもります

白い車もポストも
みんな
かくれてしまいながら

音もにおいも
けして
そして色も
けして

雪だけの世界が
ひろがります

[1つ15点/30点]

① 雪のふる様子を表した言葉を四字で書き出しましょう。

② ——を、ふつうの言葉に直しましょう。

---

3 次の詩を読んで、問題に答えましょう。

あまやどり
やねのしたには あめのおと
そらのあおさは
あまやどり
あまのあめは
あまやどり

[1つ10点/20点]

① 何の様子がえがかれていますか。詩の中から一語で書き出しましょう。

② この詩の題名にふさわしいものはどれでしょうか。記号を○でかこみましょう。

ア あめふり
イ かさ
ウ あまやどり

この詩には題名がつけられていないよ。

様子や気持ちを読み取ろう②

1 次の詩を読んで、問題に答えましょう。 　一つ10点【50点】

こぼう

まど・みちお

くるりんと
あしかけあがりを した
一しゅんだ
うちゅうが
ぼくに ほおずりしたのは
まっさお
その ほっぺたで…

おお
ここここ うちゅう!
ぼくらっこ うちゅうっこ!
ヤッホー…

（「まど・みちお全詩集」〈理論社〉より）

① 「ぼく」がしたのは何ですか。

（　　　　　　　　　　　）

② 「うちゅう」のほっぺたは どんな色でしたか。

（　　　　　　　　　　　）

③ 「うちゅうが、ぼくに ほおずりした」とは、どんな様子ですか。

　● ほおずりしてくるぐらい

（　　　　　　）が ぼくに

（　　　　　　）様子。

④ 「ヤッホー…」は、どのように読むとよいですか。記号を〇でかこみましょう。

　ア 元気よく、とくいげに。

　イ がっくりしたように。

　ウ だんねんそうに。

クイズ

② ア、イ、「ほこり」の意味は？
① しずか
② かすか
③ みだれ

2 次の詩を読んで、問題に答えましょう。

1つ10点【50点】

はなの へん

ほこりと ほこりと ちいさいはなが めをさまし
ほこりと ほこりと なのらないはなが ひらいてく
　　　　　　　（イ）めをさまし

（ア）はなびらなどに あびなど
はなびらなどに はなびらなどに
のはらみんな
はなの へん

（工藤直子「のはらうたⅡ」〈童話屋〉より）

① 何の花のいきいきとしたことをいっていますか。
（　　　　　）の花。

② （ア）は、どのような様子からわかりますか。記号を○でかこみましょう。
ア　のんびりとしている様子。
イ　しょうきょうとしている様子。
ウ　楽しそうにしている様子。

③「めをさまし」たあと、花はどうなりましたか。
（　　　　　）のほうが、（　　　　　）。

④ 花は、どのように思いますか。記号を○でかこみましょう。
ア　いやだなと思った。
イ　ゆかいだと思った。
ウ　いらいらしたと思った。

答え ▶ 94ページ

36 様子や気持ちを 読み取ろう③

1 次の詩を読んで、問題に答えましょう。 【50点】

かぼちゃのつるが

原田 直友

かぼちゃのつるが

はい上がり

はい上がり

葉をひろげ

葉をひろげ

はい上がり

葉をひろげ

細い先は

竹をしっかりにぎって

屋根の上に

はい上がり

短くなった竹の上に

はい上がり

小さなその先たんは

いっせいに

＊赤子のような手を開いて

※赤子＝赤ちゃんのこと。

ああ 今

空をつかもうとしている

(原田直友「光村ライブラリー 小学校編 第18巻」
〈光村図書出版〉より)

① かぼちゃのつるはまず
何をしましたか。じゅんに
二つ書きましょう。一つ10点(20点)

(　　　　　　　　　　)

(　　　　　　　　　　)

② ——は、かぼちゃの何を
たとえていますか。記号を
〇でかこみましょう。 (15点)

ア 小さなわか葉。

イ 細くて弱いつる。

ウ 土にうまった根。

③ この詩の中で、作者の感
動がいちばんよく表れてい
る二行を書き出しましょう。
(15点)

_____

_____

2 ア 「ひっそり」の意味は？
① いっしょに。
② ゆっくりうごく。
③ しずかな。

---

2 次の詩を読んで、問題に答えましょう。

なまえ

おれ いっぴき
なんだ
・・・・・・
おもいこんでいた
いや ちがうさ
……だって
きょうりゅうにも なまえがあって
おかあさんだって
おとうさんだって
みんな なにか なまえがついてる

はなは あおい
ゆうやけのいろして
あんまりきれいだったので

⑦おれ は ⑰なかまの あおいはなと
ゆうやけのことを はなしたい
⑨おれ の なまえは あおむし
あおくなりたい から あおむし

こいこい

（工藤直子「のはらうた II」童話屋　より）

1日のり [50問]

① ㋐の「おれ」は、だれのことでしょう。名前を書きましょう。

（　　　　　　　　）

② ㋑——の「おれ」は、どんなことをねがっているのですか。

（　　　　　　　　）こと。

③ ㋒——の「おれ」は、どんなことを話し合いたいのでしょうか。

（　　　　　　　　）こと。

④ 「おれ」が、いっしょに遊びたいのは、だれともだちですか。

•——•————————————
（　　　　　　　　　　　　）から。

1 次の詩を読んで、問題に答えましょう。 【50点】

夕日がせなかをおしてくる

阪田寛夫

⑦　夕日がせなかをおしてくる
　まっかなうででおしてくる
歩くぼくらのうしろから
でっかい声でよびかける
④　さよなら　さよなら
　さよなら　きみたち
ばんごはんがまってるぞ
あしたの朝ねすごすな

夕日がせなかをおしてくる
そんなにおすなあわてるな
ぐるりふりむき太陽に
ぼくらも負けずどなるんだ
⑦　さよなら　さよなら
　さよなら　太陽
ばんごはんがまってるぞ
あしたの朝ねすごすな

（阪田寛夫「てんとうむし」〈童話屋〉より）

① この詩は、いくつに分けられますか。 (15点)

・　□　つ

② 「⑦まっかなうで」とは、何のたとえですか。考えて書きましょう。 一つ5点(10点)

・（　　　　　）でまった
　（　　　　　）の光。

③ ──④・⑦は、それぞれだれが言いましたか。 一つ5点(10点)

④（　　　　　）

⑦（　　　　　）

④ 「ぼくら」は、この後どうすると思いますか。 (15点)

（　　　　　）

2 次の詩を読んで、問題に答えましょう。

　　　　　　　　　　きうち・かずお

朝が くる
朝が くると おきて

水道は ぼくが作ったのではない
朝 顔をあらって

洋服は ぼくが作ったのではない
それを きて

本やノートは
それは ぼくが作ったのではない
それを もって

靴は ぼくが作ったのではない
それを はいて

学校へ 道路を作ったのは
ぼくではない

ぼくに できること
いちばんに
ぼくだけが できること
それでないと
だれかが こまる

（きうち・かずお「あさの詩全詩集」理論社）

① 朝が来て、「ぼく」は「へ」……ち はんじめに来て、五字でぬき出して書きましょう。

② 「ぼく」が作ったのはいくつですか。五字で書きましょう。
　[　　　　　　]

③ 「ぼく」だけができるのは何ですか。
　・[　]ていますか。

④ 「ぼく」だけが「ぼく」のどんな様子が わかりますか。
　・（　　　　　　）

⑤ 場面　この詩に表されているのは、どんな朝の様子ですか。記号を○で囲みましょう。
　・（　　　　　　）

ア 実さいにはありえない朝。
イ 日曜日のいそがしくない日の朝。
ウ ふつうの日の朝。

1 次の文章を読んで、問題に答えましょう。 【50点】

　子ぎつねは、手ぶくろを買いに町にやってきました。母さんぎつねから、ぼうし屋にあると教えられてきたのです。

　⑦とうとうぼうし屋が見つかりました。お母さんが道々よく教えてくれた黒い大きなシルクハットのぼうしのかん板が、青い電灯にてらされてかかっていました。

　子ぎつねは教えられたとおり、トントンと戸をたたきました。
「こんばんは。」
　すると、中では何かコトコト音がしていましたが、やがて戸が一すきほど開いて、光の帯が道の白い雪の上に長くのびました。

　子ぎつねはその光がまばゆかったので、①面くらって――お母さんが出したほうの手を、――おまちがえたほうの手を、すき間からさしこんでしまいました。
「この手にちょうどいい手ぶくろください。」

＊道々＝道を行きながら。
＊一すき＝三センチメートルの長さ。
＊帯＝ここでは細長い光のこと。

（「10歳までに読みたい日本名作」5巻
「手ぶくろを買いに（新美南吉）」（学研プラス）より）

① ――⑦から、子ぎつねがぼうし屋をどのように見つけたことがわかりますか。記号を〇でかこみましょう。（15点）
ア 長い間さがしていたこと。
イ さがし始めて、すぐに見つけた。
ウ 教えられた場所で、まよわずに見つけた。

② ――①で、子ぎつねは何に面くらいましたか。（15点）
（　　　　　　　　　）

③ この場面で、子ぎつねは何をしようとしていますか。（20点）

（「10歳までに読みたい日本名作5」（手ぶくろを買いに）〔新美南吉〕より）

2 次の文章を読んで、問題に答えましょう。 [50点]

ほうしや屋さんは、そのおかねを見て、ほんとうのおかねだったので、子どもの手にもひとつ、手ぶくろをつつんでもたせてやりました。

「おや、これは人間のお金だ」と思いました。

ぼうやはそのおかねを、ほうしや屋さんの手の上におきました。

子どもはおれいを言って、もと来た道を帰りはじめました。

「お母さんは、人道をいそいでいました。子ぎつねは、お母ぎつねのまっているところへ急いで行きました。

──の先のほうに白いものがちらちらして、ぼうやを出むかえるように、指をのばして立っていました。

（本文は実際の原文とは読みが異なる場合があります）

① 「木の葉で買いに来た」とありますが、何を買いに来たということですか。(15点)

「木の葉で買いに来た」とは、（　　　　　　）を買いに来たということ。

② ①──とありますが、ほうしや屋さんは何をしているのですか。(20点)

　────────────────

③ 「お母さん」は、人間をどう感じていますか。合うものを一つえらんで、記号を○で囲みましょう。(15点)

ア 人間は、よい人だ。

イ 人間は、やさしい。

ウ 人間は、おそろしい。

1 次の文章を読んで、問題に答えましょう。　【50点】

［犬をつれて家を出たあかねに、お母さんが声をかけた。］

「あかね。おねがいだから、子犬をわたしてちょうだい。」

あかねは、首を横にふった。

「そんなにだきしめたら、発作が起きるわ。ねえ、あかね。お母さんの言うことをきいてちょうだい。」

あかねは、子犬をさらにだきしめて、いやいやをするように、なんども首を横にふった。

「あかねは、犬が好きなんか。」

おじいちゃんが、やさしい声でたずねた。

あかねは、コクンと小さくうなずいた。

「でもね、あかね。ぜん息の子は、犬を飼っちゃいけないのよ。動物の毛をすうと、ぜん息がひどくなるの。わかるでしょう。」

お母さんが言うと、あかねはポロッとなみだをこぼした。

（光丘真理「まって行こう」〈学研プラス〉より）

① お母さんに子犬をわたすように言われたとき、あかねはどうしましたか。（10点）

（　　　　　　　　）

② あかねが小さくうなずいたのは、おじいちゃんに何を聞かれたからですか。（10点）

・（　　　　　　　）が好きなのかどうか。

③ お母さんが、ぜん息の子は犬を飼ってはいけないというのはなぜですか。（15点）

［　　　　　　　　　　　　　］

④ お母さんに③のように説明されて、あかねはどうしましたか。（15点）

（　　　　　　　　）

2 次の文章を読んで、問題に答えましょう。　【50点】

「ええ、飼ってもいいの？」
ぼくは、お母さんの顔を見て、もう一度耳をうたがいました。

「……だって……こんなにかわいいんだもの。……それに……この子のお母さんがいなくなっちゃったんだって……」
お母さんは、ぼくの顔をちらっと見てから、悲しそうに言いました。

「飼ってもいいけど、せわはぜんぶ、ぼくがするのよ。」
お母さんは、そう言ってから、ぼくの顔を見ました。

ぼくは、ヘンだと思った。知らない間に、ぼくの犬になっていたのに。

ぼくはあわてて、「うん。」と言いました。お母さんは、まだぼくの顔を見ていました。ぼくは、真っ赤になった顔を、お母さんに見られないように、下を向いた。

(北川チハル「わんにゃんレストラン」〈学研〉より)

① ──線④「耳をうたがいました」とありますが、「ぼく」は、なぜ「耳をうたがった」のですか。(15点)

② ──線⑦「それ」とは、どんなことですか。(10点 一つ5点)
（　　　　　　　）のおせわを
（　　　　　　　）がするということ。

③ ──線⑦「そう言った」とありますが、お母さんは、どんなことを言ったのですか。(10点)
（　　　　　　　）
お母さんの（　　　　　　　）理由。

④ ──線⑦「ヘンだ」と見た。とありますが、「ぼく」は、どんなことをヘンだと思ったのですか。(15点)
・ぼくに
・お母さんが
・いつのまにか

40 まとめテスト③

1 次の文章を読んで、問題に答えましょう。 [50点]

古紙リサイクルの会社を経営しているコロッケ先生（小六信和さん）は、会社でもっと多くの紙をリサイクルするかのアイデアを練っていました。

どこの会社でも、お客様の住所や新商品や、連絡先が書かれた書類や、品の企画書など、人に知られてはいけない内容の書類があります。それを「機密書類」といいます。

機密書類は、社内で使わなくなっても、通常、そのまますてたり、秘密がリサイクルして会社の外にもれてしまうと、大きな問題になるからです。

そこで、会社の中でシュレッダーという機械に入れて、字が読めないように数ミリメートル四方に細かく切りきざみます。紙の繊維が短く切られてしまうと、紙の繊維が短く切られてしまうた切られて、紙として生きしかえりにくいので、当時はほとんどがもえるゴミとしてすてられていました。

（中村文人「コロッケ先生の情熱！古紙リサイクル授業」〔佼成出版社〕より）

① 機密書類の説明としてあてはまらないものの記号を、〇でかこみましょう。 (20点)

ア 人に知られてはいけない書類。

イ 社内で使わなくなることがない書類。

ウ リサイクルにだせない書類。

② 機密書類がもえるゴミとしてすてられるのは、なぜですか。 一つ10点(30点)

· （　　　　　　　　）で切りきざまれると、紙の繊維が（　　　　　　　　）切られるため、紙として（　　　　　　　　）から。

答え ▶ 96ページ

（中村文人「コロナに負けない! サービス業のしごと1 先生の情熱」〈佼成出版社〉より）

2 次の文章を読んで、あとの問題に答えましょう。

平成十三（二〇〇一）年に、岡山市に「リサイクル機業」という会社を作り、工場で機密書類を処理して、その目の前で社員さんやお客様に確実に秘密が守られるようにしました。

その人について知っていることは一番気にしないように、外に漏れないよう、以外の人には厳重という、外の人が管理する建物に持ち出さないように、その人が管理する建物に持ち出すことを確実にし、お客様に確実に知ってもらうようにしました。

お客さんにとってみると、手間もかかるし、会社ですから、機密書類も、シュレッダーにかけたりするのはたいへんです。

「機密書類を信用知らせ、社長回す箱に入れたら、シュレッダーで大きいサイズに一開けてもボール、機密書類を信用知らせ、社内のアとして出したりできない。」

大きいサイズのダンボールの箱を持っていき、機密書類をその箱に入れたら、社内のアとして大きな箱に入れたままでその小さな箱を持っていき、シュレッダーにかけられる巨大な箱に入れたままで、それを大きく製紙のダンボールの箱に入れて、会社に大きいサイズ一開けてもボール製紙の...

　[50点]

① 「シュレッダー」でされている機密書類も、説明のとおりは、記号で答えましょう。

ア ... このようにすると、ダンボール製の会社に回収してもらうように

イ 大きいとうにサイズの巨大な箱に入れたままシュレッダーで運ぶ。

ウ 箱など機密書類をダンボール製の会社に回収してもらう。
　（２０点×... ）

② 「確実に秘密が守られる」ということを、お客様に知ってもらうため。

□ ← □ ← □

（　　　　　　　　）は
管理し、担当する社員以外に

機密書類が持ち
（　　　　　　　　）し、担当する社員以外は
（　　　　　　　　）できない。
　（１５点×２＝30点）

1 次の詩を読んで、問題に答えましょう。 【50点】

チョウチョウ

まど・みちお

チョウチョウは
ねむる とき
はねを たたんで ねむります

だれの じゃまにも ならない
あんなに 小さな 虫なのに
それが また
はんぶんに なって

だれだって それを見ますと
せかいじゅうに
しーん
と めくばせ したくなります

どんなに かすかな もの音でも
チョウチョウの ねむりを
やぶりは しないかと…

(「まど・みちお全詩集」〈理論社〉より)

① チョウチョウがねむると
きは、はねをどうしますか。
（15点）

（　　　　　　　　　）

② 「しーん」には、どんな
気持ちがこもっていますか。
記号を○でかこみましょう。
（15点）
ア ねむらないでほしい。
イ 注目してほしい。
ウ しずかにしてほしい。

③ 「どんな かすかな も
の音でも／チョウチョウの
ねむりを／やぶりは しない
かと…」と、作者が思うの
は、なぜですか。
（20点）

• _____

_____

ねむっているから。

2 次の詩を読んで、問題に答えましょう。

[1つ10 50点]

三年

なへても
そらから
だれが四と三とを
へらしても
ぼくはさんねん
三ねんせい
三本しやくけいのきのすじに
ぼくはちゃんと組を書いて
それでして
三年の字をへる
三ねんせい

あびるまでまって
あまみずをのんて
むだなじかんもたっぷりとある
でもそれていいのてある
四にしても三十田から
ひとつましている
いいことは六時間目があるぞ
三年から四年になる

　　　　　　　　　阪田寛夫

（阪田寛夫「三年」『〈タのように〉』（教育出版センター）より）

① ⑦「四年にしよう」は詩の中から「何が」あ
　りますか。書き出しましょう。

（　　　　　　　　　　　　）
（　　　　　　　　　　　　）

② ④「さんねん」は「何年生から何年生」に
　なるのですか。詩の中から書き出しましょう。

（各つ10点）
[　　　　]年生から
[　　　　]年生

③ ⑦＿＿＿＿・⑦＿＿＿＿
　の言葉で、詩の中の＿＿＿＿の言葉で説明しましょう。

④ この詩に表れている「ぼく」の様子は、どんな様子ですか。合うものを一つえらんで、記号を○で囲みましょう。

ア　おちついている様子。
イ　うきうきしている様子。
ウ　おびえている様子。

① 場面の様子を読み取ろう① 5〜6ページ

1 ももか

2 ①お父さん ②波・おだやか

3 ①駅 ②病院の場所。

4 ①れい きものうり場。 ②金魚すくい
③れい くやしかった（くやしい）。

クイズ ①

●アドバイス

1 ゆうせいではなく、妹のももかの誕生日であることに注意させましょう。

2 ②海の様子が描かれているところはどこかをとらえさせましょう。

4 ③すぐ前に「くやしく」とあることに気づかせましょう。会話の近くには心情表現があることがあります。

② 場面の様子を読み取ろう② 7〜8ページ

1 冬

2 ①三人 ②たくさん（だった） ③ア

3 ア

4 ①（三人の）けっか ②れい できなかった。

クイズ ③

●アドバイス

1 「体中をぶあついオーバーとえりまきでくるんだ」服装をするのは、どんな季節かを考えさせましょう。

2 ②「さつたば」は、たくさんの紙のお金のことです。おみさんがありったけの材料で食事を作ったことからもわかります。

3 「とちゅうの道ばたのあちこちで、人々が立ち話をしていました」とあります。

③ 場面の様子を読み取ろう③ 9〜10ページ

1 ①スギてっぽう ②ひろ子 ③イ
④（うすみどりの）すぎのみ。

2 ①ほそ長い箱。 ②きいろい
③（小さい白い）ふうせん・（みどり色の）スギてっぽう〈順不同〉
④ウ

クイズ ②

●アドバイス

1 ②すぐ後の「ひろ子がくびをおさえました。」から、ひろ子の言葉だとわかります。
③先生が「まあ、だれなの。……スギてっぽうをうったのは。」と言ったので、みんながしんとなったことをとらえさせましょう。

2 ③「箱の中には、……」と、箱の中にあるものを説明しているところから読み取らせましょう。

④ 場面の様子を読み取ろう④ 11〜12ページ

1 ①にげだした ②おとしあな
③三・スギてっぽう

2 ①けんぶつの子どもたち。 ②イ
③エックスせん

クイズ ②

●アドバイス

1 ①先生は、自分のスギてっぽうのほうがうまいから、おおゆきたちが逃げ出したと考えたのです。

2 ②先生は、子どもたちが上手に穴を掘ったことに感心しています。
③画用紙に書いてあったことや、子どもたちの会話から考えさせましょう。

6 読み取ろう② 15〜16ページ

1 ①十一月 ②落ち葉が半ば ③朝

2 ①すす ②イ ③音

3 「今」の小学校は同じな

4 …

クイズ ②
③ウ

ちが③とびますよ。

②音が聞こえてきて、最後の一文へと読みから答えん

な音が聞こえたのかという風に「たぶん、」とあるに青い海が…という文から…始まります。②いろいろな業緒がおじいちゃんの家にやってきて…という気持ち

アドバイス
①②文章が始まります。

---

5 読み取ろう① 13〜14ページ

1 ①右（から）一・2・3

2 ①右（から）3・2・1

3 れい（青空・晴れ）（大雨）

4 れい（給食）・（国語）の・本（たいいく）・（宿題）

クイズ ③

---

8 かんにたべ① テスト 19〜20ページ

1 ①（な）屋 ②だんだんに ③ゆっくりと ④わたしのに…

2 ①リリ ②ゆうか ③女の子・ゆう ④キッチンおはん

アドバイス
1 ①文②…状況…文章の前半から…読み取りましょう。
③直前の…置きかえられ

2 ①②…「……」の…ちらしから思いうかべられ…

---

7 読み取ろう③ 17〜18ページ

1 ①はぶ・ほし ②ぶへの水

2 ①は ②ウ→ア→イ→エ

アドバイス
1 ①たき火を読み取り…
②最後のだん落…

2 「②首を…かしげ…」首を傾ける…不思議な…疑問に思う様子を表す慣用句です。

9 だんらくを読み取ろう① 21〜22ページ

1 ①体 ②重さ
2 ①中・空・軽い ②竹
3 ①パイプ（くだ・つつ）
  ②れい 軽くてじょうぶな点
4 ①体・ため（は）おけない ②れい 軽く

クイズ ③

アドバイス
1 説明文の最初に問いかけがある場合、その問いかけは、ふつう説明文全体の話題を示しています。
3 パイプは、軽さと強さを兼ね備えるものであることを読み取らせましょう。

10 だんらくを読み取ろう② 23〜24ページ

1 ①れい（昔）大豆をにて、わらの中につめておいたところが、ぐうぜんにできたもの。
  ②ふしぎ ③わら・なっとう
2 ①（体温ぐらいに）温められたとき。
  ②およそ一日。（一日ぐらい。）
  ③（白い）まく
  ④食べ物をくさらせておいしくしたり、えいようをふやしたりすること

クイズ ②

アドバイス
1 ②なっとうについて「ふしぎな食べ物」「ますますふしぎですね。」と述べていることに注目させましょう。
③なっとうができるひみつが、なっとう菌にあるということを理解させましょう。
2 ①温められたことでなっとう菌が増えることに注目させます。
④四段落目の説明から「発酵」について理解させましょう。

11 だんらくを読み取ろう③ 25〜26ページ

1 ①夏から秋ごろ（にかけて）。
  ②東京から北海道までとどくくらい大きな。
  ③赤道に近い南の海の近く。
2 ①入道雲
  ②（いつも）赤道近くにふいている強い風。
  ③回転・力

クイズ ③

アドバイス
1 ②台風のうずまきがいかに巨大であるか、日本列島の地図を見せながら実感させてもよいでしょう。
2 台風がどうやってできるのかについて説明している文章です。
②——のある段落の冒頭に「この雲」とありますが、それは前の段落の「入道雲（積乱雲）」を指します。入道雲に強い風がふつかることで「大きな雲のうずまき」となるのです。
③「大きな雲のうずまき」が回転しながら動く間に、熱や水蒸気の力で大きくなり、勢いがついていくことで、台風になることをおさえさせましょう。

12 正かくに読み取ろう① 27〜28ページ

1 ①落ち葉 ②トンネル
2 ①（たくさんの）すきま・れい くうきやす
  ②れい たがやして
3 ア
4 ①ウ ②バクテリア

クイズ ①

アドバイス
1・2 ミミズが土を食べながら通ったあとが、トンネルとして土中に残るわけです。ミミズの役割を読み取らせましょう。
3・4 バクテリアの存在と働きについて説明している文章です。

⑬ 正しく読み取ろう②　29〜30ページ

1 ひかり・日光

2 ①緑色（のびる）
②さいばいされている。

3 ⑦光　⑦太陽　③黄色の

4 ①星　②月　③えい星

クイズ
①わかば星　②月　③えい星

③「……」ということばについては、「光」という言い方がされています。

④ 木星や土星など、たくさんの星があることがわかってきています。地球と月の関係や、木星と土星の関係を、説明文では用いられています。

---

⑭ 正しく読み取ろう③　31〜32ページ

1 ①ロビン・スピン・立つ
②わたしたち・むすこたち・女の人

2 ①二　②⑦ ①⑦ ③ナイトーン（「一」ではない答え。）

クイズ
①「ナイトーン」

① 「おへや・ベッド・カーテン」など、手紙の内容を正しく読み取らせます。

② 「だん落」は「だん落」で始まる段落をさしています。アドバイスでは、「たい」ようなところにある「まし」をとらえさせます。

② それから、今後の段落から、看護師がいたのだからということになります。それには、前のほうにある二つの段落があえたことをふまえて、（ナイトーン）スプーンについて説明しているものと考えられるので、その病院にあった段階から、今の利点があったことへ……

---

⑮ 正しく読み取ろう④　33〜34ページ

1 ①（それぞれ）その階で、お湯が出る
②したけっとん・食事

2 ①めしけっとん・食事
②おかたまり・買い
③やからい食事。

クイズ
③

① 病院で使われたものは、次のだん落にあるので、それに注目させるとよいでしょう。そこで汚れて使われたものは、そのまま買いかえることはあたり前のことで、それからといって、あまり使われないように注意することはできません。

② ②「ロビン・スピン（ナイトーン）」は、直前の言葉を表しています。エ・オは、買い物をすること自体をあらわすので、あてはまりません。

---

⑯ かくにんテスト②　35〜36ページ

1 ①記号　②三

2 ①五百年　②シーン・イー　③四百年　④十

③ 「これ」は、すぐ前にある同じ長さの線をさしているので、それと考える。

④ ⑦

クイズ
①親しい間がらの仲間同士で、外国の人と同じように記号を使ってきた本が広まったという理由が挙げられている。「その本が有名になり、直前に使われた「記号を」という……

② ④数学の記号が何年前に誕生したかについて、「ア・イ・ウ」の形で、現在、使っている記号「に」のような「生」たという事実が説明されています。ですが、説明として広く記されている「に」ついて「使い」方について経緯で、意味を……

17 人物の行動を読み取ろう① 37〜38ページ

1 あさがお・（たっぷりと）水

2 ①友だちとサッカー
②うさぎ小屋のそうじ（うさぎ当番）

3 わくわく

4 ①いただき ②ふじ山

ミス ③

アドバイス

3 「わくわくして。そのせいで、夜なかなかねむれなかった。」から、とらえさせましょう。

4 ①「いただき」は、「山などのいちばん高いところ。頂上。」のことです。
②みきにとって富士山は、疲れをいっぺんに吹き飛ばすくらい感動的なものでした。その富士山をずっと見ている場面であることを、とらえさせましょう。

18 人物の行動を読み取ろう② 39〜40ページ

1 一本すぎのあるあたり。

2 ①はちのす ②場所（向き・方向・方角）

3 五十メートル走

4 ①わ速く ②一着（一等・一番・一つ）

ミス ③

アドバイス

2 目指す場所がわかった場面です。ここでは、はちの巣を探しています。

4 ②たくまが、白いテープ＝ゴールテープを切っていることに注目させましょう。

19 人物の行動を読み取ろう③ 41〜42ページ

1 ①小さいに ②もみのえだ ③ア

2 ①雪
②ぼたん・息・（毛糸の）手ぶくろ

ミス ①

アドバイス

1 ①物語文では情景の描写の読み取りも重要であることを教えてください。

③冒頭に「遊びに行きました」とあることに注目させましょう。

2 ①母さんぎつねが「もうすぐあたたかくなるよ、雪をかけるよ……」と言っていることに注目させましょう。ここでは「ちんちん」は手があまりの冷たさでかえってほてる様子を表しています。

20 人物の行動を読み取ろう④ 43〜44ページ

1 ①（かたほうの）手・
（かわいい）人間の子どもの手
②ウ

2 ①きつねの（ほうの）手 ②れ買う
③町 ④イ

ミス ②

アドバイス

1 ②人間の手になった自分の手を、変に思って調べている場面です。

2 ①きつねの手だと人間は手ぶくろを売ってくれない、と母さんぎつねは考えていることを読み取らせましょう。

④人間はこわいと教えていますが、近づくなとは言っていません。

21 人物の気持ちを読み取ろう① 45〜46ページ

1 ア

2 ①つらかった。 ②（あい犬）ジローが死んだ

3 イ

4 ①ウ ②ウ

ミス ③

アドバイス

1 太郎の言葉はずんでいます。これにつづくわたしの気持ちを考えさせます。

3 「うまい」（上手な）ことをするときの気持ちを表す言葉を探させます。

4 ②「あわてにげ出した」とあることから、ポン吉の計画は失敗したことがわかります。このことから考えさせましょう。

24 読み取ろう人物の気持ちを④ 51〜52ページ

「……」と「……」の段落で、「……」のことを「語」があり、が語りのおかげで、ています。

アドバイス
③

クイズ
③感動

2 ①なに ②ない

1 ①ア ②ミーニング ③手を引く手をもらって。

2 ①ナレンジ ②女の人の踊り、農作業の踊り、大勢の人の踊り、男の激しい踊り、男女の踊り

アドバイス
②

クイズ
②

2 ①ミックスジュース ②思いを手をたたいて ③ア・ソース・ー

1 ①五 ②親身

23 読み取ろう人物の気持ちを③ 49〜50ページ

アドバイス
②

クイズ
②

4 ア

3 ウ

2 イ

1 ①ア

22 読み取ろう人物の気持ちを② 47〜48ページ

26 つかもう説明の道すじを① 55〜56ページ

たとえに「太陽」を書き出していますから、その「一」の特徴のなかで、ほかの説明があります。
また、「サガオ」という植物の「」を示していますから、ア・イ・ウのどれが、地球にあるものとして、地球がどうなるか。

4 太陽がめだっています。

アドバイス
③

クイズ
③

4 す

3 ア・イ・ウ
オ・エ・ク

2 ①（ア）（まめ）
（きへん）（のぎへん）
②葉のつけ根

1 ①から ②右
③2・1・3

25 かんテスト 53〜54ページ

アドバイス

2 ①――の文のあとに注目してむすびましょう。

1 ①（たわむれ）から、「帰ろう」とさそいました。
②なの）「」・「」（正答でも）④なしたくなった。

2 ①かなしく ②あたたまった ③かおとりかえしのつかないことに来て重大なことに気づいたとき、大きならない。
①歩道橋を
1 ①（スズメ）②あやまり・ひきうける
③あたたかく来たところがわたしのお礼に答えていたから、「使」の称号を

2 ②面の双子さんじゃんけんで花をもらえたとき、それでこの息子さんから、「お礼にジュース」の言葉を贈呈しますが、上がりたいと言えます。面のバッテリーしていてその場

2 ん（ことからわかるように考えられる花束を贈ますとよりであり、お礼に言上がりますが、「大使」のバッテリーしていてその場

㉗ 説明のすじ道をつかもう② 57〜58ページ

1 ①化石 ②化石・できる
2 ア
3 たね・球根・よう分
4 ①チューリップ（のたね）
　②イ→ア→ウ

クイズ ③

アドバイス
1 何の説明か、話題をとらえ、説明を順を追って読むようにさせましょう。

㉘ 説明のすじ道をつかもう③ 59〜60ページ

1 ①毛球 ②根 ③イ→ア→ウ
2 ①ウ→イ→ア ②数・本数

クイズ ①

アドバイス
1 ③三・四段落目で説明されています。ウの「できたものが次つぎと」の「できたもの」とは、毛母細胞のことです。
2 ①一つ目の段落に注目させましょう。
　②三段落目で、毛穴の数は赤ちゃんのときから決まっていて変わらないこと、それなのになぜ年を取ると髪の毛の本数が変わるのかについて説明されています。

㉙ 説明のすじ道をつかもう④ 61〜62ページ

1 ①ウ→ア→イ
　②車がたくさん通るところで、歩行者や自転車が安全に道路をわたるため
　③平行な二本の白線（が引かれていただけのもの）。
2 ①はしご形 ②横の白線だけ（のもよう）。
　③イ

クイズ ②

アドバイス
1 ①アは第三段落、イは第四段落、ウは第一段落で説明されています。
　②日本の横断歩道が現在のような形になったことについて、第一段落で一つ目の理由が、第三段落で二つ目の理由が述べられていることをおさえさせましょう。

㉚ だん落をつかんで要点を読み取ろう① 63〜64ページ

1 ①ア② イ①
2 ①ア① イ② ウ①
3 ①道具 ②動物
4 ①① ②道具・作り

クイズ ③

アドバイス
2 正月と「立春」の関係を読み取らせましょう。昔は、正月になるということは、春になるということだったのです。
3 ②人間以外にも道具を使う動物がいることを説明しています。答えの「動物」とは、「人間以外の動物」であることを補足してあげてください。
4 ②②の段落で、道具を使うだけでなく、道具を作る動物がいることを説明していることをおさえさせましょう。

㉛ だん落をつかんで要点を読み取ろう② 65〜66ページ

1 ①あおむけ・自由
　②おなか ③③
2 ①半年（ほど）
　②ア③ イ② ③一年

クイズ ③

アドバイス
1 ①あおむけになると息をするのが楽でしかも前あしが自由になると説明されていることをおさえさせましょう。
　②・③ラッコはおなかをテーブルのように使う他、お母さんラッコはゆりかごにして使うのです。
2 ①は①段落、③は③段落から答えさせましょう。

35 様子や気持ちを読み取ろう② 73〜74ページ

1 ①あかるい ②あたたかい ③あつい（ほこり）

2 ②イ ③うつします ④ア

クイズ ②

アドバイス
①②「すっと」「ふわっと」は、作者の感覚をあらわす表現です。空を見上げたときに感じたことが、ゆっくりと近づいてくる空の上に開いているようすを、「と」という言葉の繰り返しで表現しています。

④「ほおっと」という表現は、花火が夜空に開く瞬間の、子を想像させましょう。

34 様子や気持ちを読み取ろう① 71〜72ページ

1 ◎ア イ エ・カ 空・高

2 ①長い ②短い〈順不同〉

3 ①あかるい ②し

4 ①そら ②ん

クイズ ②

アドバイス
1 詩では「〜のような」・「〜みたい」という表現が使われていることが多いです。この詩では「時計の長い人=時計の長針」「短い人=時計の短針」という表現が、何を何にたとえたものかを考えさせましょう。

2 長い人、短い人について説明している部分を理解しましょう。②あることがらを逆の順序で説明するときには、「〜に対し」という言葉が使われます。時計の長針と短針の表現が、象が強く印象づけられる部分の短針です。

33 かんじテスト④ 69〜70ページ

1 ①三十年 そだてる 大木 ②古紙 イ

2 ①コ ②ロ ③ウ ④ニ

クイズ イ・エ

アドバイス
1 ①「三十年」「育てる」「大木」ということばに注目しましょう。②先生が説明している会話に注目して答えましょう。

2 ①コ・ロ ②ニ・ル ③ウ ④イ・イ

①減らす ②古紙をリサイクルして作られる木である。

32 ようてんを落とさずに読み取ろう③ 67〜68ページ

1 ①イ ②ウ ③ア

2 ①人間の手の親指のようなはたらき ②サ・ク〈順不同〉③冬・動物

クイズ ③

アドバイス
1 ②③それぞれの段落に注目して答えましょう。①②段落は③④段落はパンダの食べ物について述べています。パンダは肉の消化に向いています。

2 ①は①段落、③は②③段落に注目して答えましょう。②の前にある③段落の「人間の手の親指のよう」という言葉に注目しましょう。①四時間ほど。

33 続き（上部）

後半のところを一度使ってから捨ててください。

2 ①ページ ②しょう ③かん

半年考えなさい。

①はイ、②はウで、内容に注目した部分の説明を使われています。

36 様子や気持ちを読み取ろう③ 75〜76ページ

1 ①はっと・葉をひろげた。　②ア
③ああ　今
空をつかもうとしている
2 ①からすえいぞう
②しんとした
③おかあちゃん・しょうらい
④れい　ゆうやけが（あんまり）きれいだった

ワンポイント　③

●アドバイス●
1 ②・③手のような形に広がった葉が、空をつかもうとしていると作者は思えたのです。「ああ」という感動詞にも注目して、感動の中心をとらえさせましょう。
2 「からすえいぞう」が、ひとりごとのような形で書かれています。そのことに注意して、「からすえいぞう」の性格や気持ちを読み取らせましょう。
②「しんとした」にいるとは、落ち着いたこころのことです。
③・④落ち着いたこころで、自分と向き合って、いつでも思わないようなことを思っているのです。

37 かくにんテスト⑤ 77〜78ページ

1 ①二
②れい　赤く・れい　太陽（夕日）
③⑦太陽（夕日）　⑦ぼくら
④れい　家に帰る。
2 ①とび起きた
②九
③ランドセル
④れい　急いでいる（走っている）
⑤ア

●アドバイス●
1 ②「まっか」と「つ」を、それぞれ置き換えさせましょう。

④「さよなら」や「ばんばんがまいったぞ」の表現から、ぼくらが家に帰ろうとしていることを読み取らせましょう。
2 ④擬態語が表す様子を考えさせましょう。「急ぐ」「走る」という内容の答えであれば正解です。
⑤同じような表現の繰り返しで、毎日毎日変わらずにやってくる朝の様子を表しています。

38 まとめテスト① 79〜80ページ

1 ①ア
②れい（まばゆい）光
③れい（手にちょうどいい）手ぶくろを買おうとしている。
2 ①お金
②れい　本当のお金かどうかを調べている。
③ウ

●アドバイス●
1 ①「とっくり」という言葉の意味を考えさせましょう。
③最後のきつねの言葉に注目させましょう。
2 ②「チンチンという音がし」たことから「ほんとのお金だと思っ」たのです。つまり本当のお金かどうかを調べていたのです。
③「もっともおそろしくないや」と言っています。まだ、きつねの手を出したのに手ぶくろを売ってくれました。これらのことから考えさせましょう。

いすめわ内ア第第てのは重段三人
容ア重目人にのは要はに
書「をは「秘国第第密機二家三
の説明明段段や落落
組明されに関すた
ているの目すい
のはしびことにる
言ま関
葉すす
にる

まとめテスト③ 40 83・84ページ

1 (1)人・建物（に比べ）(2)ロ

2 (1)イ→ウ→ア (2)ジョギング・短い・生き返り

1 (1)イ

アドバイス

せしょう爆発させ、怒りの感情を真正面で表しているあかねさんのお母さんに向かっていったこと、赤ちゃんが怒っている場面であることから悲しみの表情です。

(2)理解直前のあかねさんはお母さんの言葉を受けている気持ちを表す言葉です。注意

1 (1)「へい」は首を縦にふっていることから肯定を表す言葉、「いやだ」は首を横にふっていることから嫌だという気持ちを表す言葉です。

(2)「いやだ」のように首を横にふっている様子を表す言葉を書きましょう。

2 (1)ロからあかねさんはお母さんにしかられたとき、あかねさんはお母さんのことが大すきだから(2)犬が首を横にふったから

(3)・(れい)顔を真っ赤にしてあかねさんのお母さんに一度もふりむかなかったから

(4)(れい)顔を真っ赤にしてあかねさんはお母さんにしかられた

アドバイス

まとめテスト② 39 81・82ページ

1 (1)首を横にふった(2)犬(3)動物の毛を(4)ポチの毛がなくなるから

2
気持ち④をしから
表した四年生。
三年生とはちがう
ことに注意。
三・四年生とはちがうものの
取る詩について作者の愛情を読
みとります。

1 (1)・(2)・(3)・(4)
ウ
④はれい、四の字に本ほう書きます。三・二にだけ書きます。

2 (1)六時間目（あたります）あばんチョウ（れい）だから小さな出のに。(3)れい
(2)ウ
(1)たなか

まとめテスト④ 41 85・86ページ

アドバイス

る書類がいることをおぼえておけばよいでしょう。

密書類②人のたたとえであるから、外に出すことがあるので限定した理解が見えない箱に入れて運ぶようにます。

2 (1)イ機密文書というたとえであるように、社内のものであり、外に出すことはサイトにおいても当たり、ウは第三段落、

1 (1)機②はしから、たとえているるみに運ぶの理

96